Oskar (Ossi) Huber

(M)ein Weg zum
inneren Frieden

Memoiren-Verlag

ISBN 978-3-902757-48-7

Umschlagfoto: Astrid Liebhart

Trattenweg 5, A-9346 Glödnitz
www.memoiren-verlag.at
memoiren-verlag@aon.at

Wie es zu diesem Buch kam …

Ein Buch über mich selbst zu schreiben – dieser Gedanke hat mich früher einmal verfolgt. „Wichtige“ Menschen schreiben eine Biographie! Und ich war früher einmal ein sehr wichtiger Mensch. Vielleicht waren der Präsident der Vereinigten Staaten und der Papst noch wichtiger, aber dann kam schon ich! Über die vielen Jahre, in denen ich als Musiker um die Welt gereist bin, einige Bücher fabriziert habe und als Mensch fast immer das letzte Wort zu sprechen hatte – wie ein selbsternanntes, absolutes Korrektiv sozusagen –, dachte ich, ich sei jemand, ich sei Musiker, Autor und und …

Wenn mir in diesen Jahren jemand gesagt hätte, dass sich mein Leben um 180° ändern würde – ich hätte mich totgelacht. Als VIP, der ständig aus irgendwelchen Printmedien herauslachte und das auch genoss – umzingelt von oberflächlichen Gleichgesinnten –, hätte ich mir nie vorstellen können, ein *anderes* Leben – ein Leben in Stille und ohne Wichtigkeit – zu führen.

Doch in immer kürzeren Abständen geschahen Dinge, die mich weiter und weiter nach innen zogen, dorthin, wo ich als Kind und später als Jugendlicher schon einmal war, was ich aber erst durch das Aufschreiben dieser Lebensgeschichte so richtig herausfand.

Wollte ich also ursprünglich über mein Leben berichten, so vollzog sich eine Wende aus dem Inneren heraus. Sie führte schließlich zum Entschluss, etwas weniger über mein privates Leben zu erzählen und mich essenzielleren Dingen zu widmen.

Wie Schuppen aus Haaren fielen „wichtige" Erlebnisse von mir ab und es wurde mir klar, dass alles, was ich mit meinem Körper und Geist erlebt hatte, nur Teil war auf dem Weg, der mich – ungewollt – zu speziellen spirituellen Erfahrungen führte, die als einzige wirklich wichtig und daher beschreibenswert sind: Es handelt sich unter anderem um das Erleben des *Jetzt* und um das *Verstehen*, dass es nichts außer dem *Jetzt* gibt. Dieses Verstehen kam nach und nach daher, doch hat es für mich großes Gewicht. Ich möchte auch noch festhalten, dass es mir nicht wichtig ist, in der „spirituellen Gesellschaft" auch nur den geringsten Stellenwert zu erreichen, nein, das hieße ja wieder nur nach Anerkennung zu suchen – das habe ich lange genug getan! Nein, ich möchte weder ein Belehrender sein noch Ratschläge verteilen. Das liegt hinter mir. Meine (derzeit) wahre Berufung ist es wohl, Geschichten zu erzählen. Deshalb schreibe ich einfach nur meine Geschichte, gebe meine Erfahrungen weiter, weil sie für mich so bemerkenswert waren und weil sie mein Leben verändert haben. Da blieb kein Stein auf dem anderen! Die Aufzeichnungen darüber stelle ich Interessierten zur Verfügung. That`s all!

Ich gebe beim Schreiben mein Bestes, muss aber vorausschicken, dass mir oft die Worte fehlen, um das Ausmaß dieses neuen Verständnisses, das schrittweise daherkam, festzuhalten. Die verwendeten Worte können höchstens als Unterstützung verstanden werden. Ich habe keine Anleitung zum Glücklichsein anzubieten, vielmehr beschreiben meine Darstellungen die Veränderung eines Menschen, der tief in der Oberflächen-Gesellschaft verankert war als einer von denen, die felsenfest davon überzeugt waren, ihr Leben selbst zu bestimmen!

Meine Veränderung verlief von oberflächlicher Lautstärke zu innerer Stille und sie verlief so krass, dass ich es zuerst gar nicht wahrhaben wollte. Heute bedeutet mir diese Stille sehr viel. Von ihr geht eine Kraft aus, die ich niemals erahnt hätte. Erst in der Stille entsteht das Verständnis für das Selbst. Alle Antworten auf meinem langen Weg kamen von innen.

Allmählich schwand meine Oberflächlichkeit, entglitt mir meine Wichtigkeit zu Gunsten einer immer tiefer greifenden Wirklichkeit, die ich heute „Finden der Mitte" oder „Erreichen des inneren Friedens" nennen möchte (in Wahrheit gibt es kein Wort, das dieses „Finden" beschreiben könnte). Ich dachte in all den Jahren auch nie daran, diese Entwicklung für irgendjemanden aufzuschreiben, doch es geschahen ein paar gravierende Dinge, die mich letztendlich zur Aufzeichnung dieser Reise nach innen bewegten. Der Hauptinhalt dieser authentischen Geschichte wird sich also nicht mit der Aufzählung mehr oder weniger interessanter Lebensabschnitte der Person Ossi Huber beschäftigen. Solche Lebensabschnitte werden wohl immer wieder beschrieben, damit einsehbar ist, wo *Ossi* zu welcher Zeit gerade stand. Die Beschreibungen vieler Stationen – vor allem der musikalischen – sind für mich schöne Erinnerungen, die mich mit Freude erfüllen. Der Unterschied zu früher ist, dass diese Freude den Stolz abgelöst hat, den ich früher immer in mir trug. Stolz ist keine Kategorie mehr! Daraus ergibt sich ein gewaltiger Unterschied, den man auf den ersten Blick vielleicht gar nicht erkennen kann.

Der Hauptinhalt der Aufzeichnungen wird sich also mit Veränderung befassen, mit dieser faszinierenden Veränderung, die mir ein neues Leben beschert hat. Das hätte ich niemals für möglich gehalten, daher ist es mit Worten schwer zu beschreiben, ich werde es aber so gut wie möglich versuchen.

Ach ja, eines noch: Dieser Bericht ist wahr, das möchte ich festhalten. Wenn jemand diese Ausführungen als „mystische Spinnerei" abtun möchte, dann ist das nicht mein Problem. Für mich klang es anfangs zwar auch irgendwie fremd, hatte doch gerade ich früher mit „solchen Geschichten" nichts am Hut! Das Fremdartige fühlte sich also zunächst sperrig an. Doch dann wurde es mir immer vertrauter, wohl weil ich ganz genau hineingefühlt habe. Heute weiß ich, dass der Unterschied zu früher gleichzeitig sehr klein und doch riesig ist. Meine frühere Unzufriedenheit, meine Sehnsüchte, mein ständiger Wunsch, dass Dinge anders sein sollten, als sie gerade waren – all das ist einer beruhigenden, inneren Gelassenheit gewichen, durch die ich heute das Leben annehmen kann, und zwar so, wie es gerade daherkommt. Doch diesem scheinbar so leicht ausgesprochenen Satz sind viele Jahre vorangegangen, in denen ich förmlich darauf brannte, endlich den inneren Frieden zu finden (daher der Buchtitel). Ich kenne niemanden im weiten Umkreis, der sich über so viele Jahre so intensiv mit dieser Materie befasst hätte. Rückblickend erscheint mir das wie ein Studium des Lebens. Was habe ich alles an Mühen eingebracht, ich habe in jeder freien Minute einschlägige Bücher gelesen, meditiert, bin zu verschiedensten Veranstaltungen gegangen, gefahren, geflogen. „Es" hat mich einfach nicht mehr losgelassen, ich entwickelte nur mehr geringes Interesse am „normalen" Leben, so intensiv war die Suche nach der Freiheit und dem inneren Frieden geworden.

Und wenn das Unglücklichsein in dieser Zeit doch wieder einmal hochkam, fiel mir ein Satz von Eckhard Tolle ein: „Wenn es Dir nichts ausmachen würde, unglücklich zu sein, was geschieht dann mit dem Unglücklichsein?" Ich stellte über diesen Satz fest, dass das Unglücklichsein etwas ist, das sich stets über Gedanken und Gefühlen einnistet und uns vormachen will, dass wir das Unglücklichsein sind. Wenn ich mich aber bewusst über diese Gedanken und Gefühle stellte, dann merkte ich, dass ich gar nicht diese Gedanken bin! Durch die absolute Präsenz im jetzigen Moment verschwanden sie ganz plötzlich und mit ihnen auch das Gefühl des Unglücklichseins. Mir war bewusst geworden, dass die ganze „Denke" nur mit Vergangenheit und Zukunft zu tun hat, sie erzeugt Geschichten im Kopf. Ich wollte aber keine Konstrukte, keine Geschichten mehr. Die Präsenz löste also die konstruierten Geschichten, die erst für das Unglücklichsein verantwortlich sind, förmlich auf. Das verblüffte mich und ich vertiefte mich in diese Materie.

Was war aus dem Menschen geworden, der immer ganz andere Prioritäten hatte, für den die Selbstbestimmung zeit Lebens so wichtig gewesen war? Der Prozess der inneren Veränderung interessierte mich brennend, ich war faszinierter Beobachter und erkannte immer mehr, dass „ich Ossi" gar nichts für diese Entwicklung konnte. Nicht ich hatte mich entschlossen, mein Leben gravierend zu verändern, nein, da war etwas Größeres, das die Veränderung herbeiführte. Ich wurde also gelebt, das war mir klar geworden.

Wir alle „werden gelebt" – wenn das nur alle wüssten! Wenn wir das Leben annehmen könnten, so wie es daherkommt, dann würde es eine ganz andere Qualität entwickeln. Das Leben kommt nämlich daher, wie es will, das ist eine unverrückbare Tatsache. Wir bilden uns zwar ein, alles vorausberechnen und bestimmen zu können, doch stellt sich genau dies als ganz große Illusion heraus. Jeder Mensch kann das für sich überprüfen und würde so hinter das große Geheimnis kommen.

Krishnamurti, einer der größten indischen Weisen, sagte eines Tages zu seinen Schülern, die teilweise schon über zwanzig, dreißig Jahre zu seinen Füßen gesessen waren: „Heute werde ich euch mein großes Geheimnis verraten!" Alle glaubten, dadurch endlich ihre ersehnte Freiheit oder Erleuchtung zu erlangen. Und der große Meister sprach: „Mein Geheimnis ist, dass ich nichts gegen das Leben habe! Ich habe nichts gegen das, was geschieht!" Das klang nun wirklich sehr einfach und es ist nicht überliefert, wie viele Schüler von dieser Aussage enttäuscht waren und wie viele von ihnen sich diese wertvolle Erkenntnis zu eigen machen konnten.

Das Leben – und sich selbst – zu akzeptieren, führt letztendlich zum inneren Frieden, das weiß ich heute auch. Doch das war nicht immer so, also kehre ich zurück zu den Anfängen: Es handelte sich also bei den vorhin angedeuteten „Vorgängen", die meine Veränderung langsam herbeiführten, zunächst um Ereignisse, die mich zuerst einmal zum Staunen brachten. Gleichzeitig aber zogen sie mich immer weiter nach innen. Es handelte sich um etwas, das man sich wie einen ablaufenden Film vorstellen kann. Ein für mich bemerkenswertes Schlüsselerlebnis dieser Art hat mit Ramesh Balsekar zu tun und in der Folge mit Amrita. Wer Amrita ist, wie und wann sie in mein Leben kam, darüber werde ich später berichten. Der indische Weise Ramesh Balsekar wird öfter Erwähnung finden. Auch wenn meine spirituelle Reise schon etwas länger gedauert hatte, erhielt sie durch die „Begegnung" mit Ramesh im November 2008 eine neue Dimension. Das Erlebnis spielte sich im Viktringer Wald ab – nur einige Minuten von meinem Wohnzimmer entfernt, vor einem einzigen Beobachter, nämlich vor mir selbst.

Als ich nach etwa zwei Stunden vom Wald wieder nach Hause kam, setzte ich mich sofort hin, um das eben Erlebte niederzuschreiben. Zu meiner Verblüffung war der „Film" in englischer Sprache gelaufen. Wenn ich diese englische Aufzeichnung jetzt lese, bemerke ich, dass es nur Worte sind, die ich da niedergeschrieben habe und dass das wahre Erlebnis viel intensiver war, als es Worte je beschreiben könnten.

Ich entschloss mich, meine englische Aufzeichnung in einem Brief an Ramesh Balsekar nach Mumbai (früher Bombay) zu senden, eine Antwort erwartete und brauchte ich nicht, die hatte ich ja durch den *Film* schon bekommen!

Der Ablauf des Geschehens ist im folgenden Brief an Ramesh enthalten – ich habe mir Mühe gegeben, ihn ins Deutsche zurückzuübersetzen.

Ramesh Balsekar

Lieber Herr Ramesh Balsekar,

kürzlich ist etwas Merkwürdiges geschehen und eine innere Stimme veranlasst mich, Ihnen den Hergang dieser Abhandlung zu schildern. Die gesamte Handlung erschien mir „Deutschsprachigem" eigenartigerweise in englischer Sprache!

Mein Name ist Oskar „Ossi" Huber – ich lebe in Österreich, im Herzen Europas. Wir sprechen in unserem Land Deutsch und ich habe mich über das Auftauchen der englischen Kommunikation, die „aus mir förmlich heraussprudelte“, zunächst sehr gewundert.

An diesem Morgen ging ich in den nahen Wald – wie jedes Wochenende. Doch an diesem einen Morgen geschah etwas Seltsames: Es war der 22. November 2008, es war kalt und es lag schon etwas Schnee. An einem kurzen Anstieg mitten im Wald rutschte ich plötzlich aus und fiel hin. Als ich nun so am Waldboden lag, bemerkte ich rundherum viele Eierschwammerl (schmackhafte Speisepilze – unüblich in dieser kalten Jahreszeit!) – genau an der Stelle, an der ich hingefallen war. Ein Gedanke kam: *Wenn deine Lebenssituation dich zu Boden zwingt, wenn du ganz unten bist, kannst du, wenn du genau hinsiehst, bereits die Fülle erkennen, die sich gleichzeitig auftut.*

Plötzlich klickte irgendetwas in mir und von nun an lief ein innerer Film ab, der so klar war, dass ich einfach darüber berichten muss: Zunächst möchte ich festhalten, dass dieser „Film“ ungefähr die Dauer eines Spielfilms (ca. 90 Minuten) erreichte. Was mich aber viel mehr faszinierte, war, dass die gesamte Kommunikation in englischer Sprache ablief. Ich habe keine Ahnung warum. Alle Gedanken und Worte erschienen in Englisch! Es handelte sich übrigens im „Film“ um ein ausgedehntes Gespräch, das zwischen Ihnen und mir in Ihrem Wohnzimmer in Mumbai, Indien, ablief. Dazu möchte ich anführen, dass ich den Namen Ramesh Balsekar zwar schon gehört (Sie waren nach meinem damaligen Wissensstand am Ende Ihrer beruflichen Karriere Präsident der Bank of India), jedoch niemals etwas über Sie gelesen oder gar gewusst hatte, außer, dass Sie nach Ihrem Pensionsantritt einen spirituellen Weg eingeschlagen hatten und Schüler bzw. Übersetzer ihres Meisters Sri Nisargadatta Maharaj waren. Nisargadattas Werke „Ich bin“ (alle drei Teile) hatten mich einige Monate vorher schwer beeindruckt.

Von Ihnen, Herr Ramesh, wusste ich also so gut wie nichts, nicht einmal, dass Sie in Mumbai leben. Nun „saß ich also in Ihrem Wohnzimmer“ und es begann ein englischer Dialog, in dem ich Ihnen mein Leben erzählte und dabei die letzten für mich noch offenen Fragen stellte, die Sie mir umgehend und völlig klar beantworteten. Im Film lief das so ab: Ich saß vor Ihnen am Boden Ihres Wohnzimmers, erzählte Ihnen mein Leben und stellte dabei verschiedene Fragen. Sie antworteten, aber es war meine Stimme, die ich da hörte. Aus Ihrem Munde kamen Worte, die ich sprach! Wenn die Frage fertig formuliert war, ging sie ohne Pause über in die Antwort. Eine imaginäre Kamera zeigte zwei Personen, die da saßen – aber beide sprachen mit einer Stimme. Fragen und Antworten – alles war eins. Insgesamt ergab sich ein Kreislauf, ähnlich dem Lauf einer Quelle zum Ozean – harmonisch verlaufend und wie aus einem Guss.

Zunächst entschuldigte ich mich für die Störung, unangemeldet bei Ihnen aufgetaucht zu sein.

Ramesh: „Du störst nie!“

Ossi: „Sorry, Herr Balsekar, ich muss Ihnen meine gekürzte Lebensgeschichte erzählen – schließlich ist dies die wichtigste Begegnung in meinem irdischen Leben“.

Ramesh: „Ja, ich weiß, fahr fort!“

Ossi: „Ich habe die letzten zwanzig Jahre das gesucht, was man „inneren Frieden“, „Glückseligkeit“, Gott oder wie auch immer nennen mag. Bevor diese Suche begann, war ich ein sehr *wichtiger* Mensch. Meine innere Veränderung begann also vor mehr als zwanzig Jahren, und zwar mit einem Buch über *channeling*: *„The Seth material“*. Plötzlich begriff ich, dass es im Leben nicht nur um Frauen, Musik, Sport oder Geld gehen könnte. Einige Jahre später kam ich mit Büchern von Chuck Spezzano in Kontakt. Sie müssen wissen, Bücher sind für mich wie Menschen. Oft habe ich den Eindruck, sie sprechen mit mir.

Psychology of vision heißt übrigens das Konzeptwerk von Chuck Spezzano. Ich fuhr also nach Deutschland und nahm an einem achttägigen Seminar mit Jeff Allen, einem Master of *Psychology of vision* teil. Es war großartig. Ich begriff, dass alles, was man an anderen nicht mag oder ständig kritisiert, immer exakt das ist, was man an sich selbst nicht mag oder kritisieren würde, wäre man nur ehrlich zu sich. Die ganze Welt ist ein Spiegel!

Einige Jahre später lernte ich einiges über Gefühle, Gedanken, Emotionen und *das Selbst* in einem Avatar-Kurs in Holland. In den folgenden Jahren fand ich mich in zahlreichen Vorlesungen, Seminaren oder beim Lesen vieler Bücher. Die Suche fand ein vorläufiges Ende, als ein Buch von Robert Adams, einem unmittelbaren Schüler des großen Weisen Ramana Maharshi zu mir kam. *Stille des Herzens* berührte mein Herz wie nichts zuvor. Hatte Adams dieses Buch speziell für mich geschrieben? Der Inhalt präsentierte mir die Antworten auf all meine offenen Fragen. Von diesem Moment an änderte sich alles in meinem Leben. Ich begann, mich für *Advaita Vedanta* zu interessieren. Die Stille erfasste mein Herz, immer öfter zog ich mich zurück. Die warmen Sommertage, an denen ich früher gerne mit Freunden zum See fuhr, verbrachte ich nun lieber allein und in Stille an einem einsamen, klaren Bach. Ich fand einen flachen Felsen, der mitten im Bächlein steht, umspült von klarem Wasser. Dort fand ich über Ramana Maharshis Erkenntnissen oder Robert Adams Inhalten, was ich so lange gesucht hatte. Da war bald nichts mehr zu tun, der *Handelnde* verschwand immer mehr. Da war plötzlich Ossi Huber, und der lebte, wie er nach den göttlichen Vorgaben und der persönlichen Prägung zu leben hatte. All meine äußeren Lebensumstände blieben zwar, doch der Umgang mit diesen Umständen war auf einmal stark verändert. Über frühere Probleme amüsierte ich mich nun fast, alles ging federleicht von der Hand, war plötzlich *easy*, weil erkannt wurde, dass alles einfach so ist, wie es ist. Kein Wunsch mehr nach *es sollte besser sein, es sollte anders sein.* Annehmen. Zuerst nur intellektuell begreifbar ist dieser *Zustand* irgendwann doch ins Herz gesickert."

Lieber Ramesh Balsekar, ich möchte Sie darum bitten, mir einen Besuch in Mumbai zu gestatten.
Ich grüße Sie von Herzen
in tiefer Verbundenheit
Ossi Huber, November 2008

Amrita

So endete die Geschichte vorerst, so endete mein Brief an Ramesh. Ich konnte in diesem Brief an Ramesh Balsekar natürlich nicht den ganzen „Film" verpacken. Der Kern der Aussagen aber und viele Antworten sind in diese vorliegenden Aufzeichnungen eingearbeitet. Einige Aussagen von Ramesh sind daher wörtlich zitiert.

Mit dem Absenden des Briefes war das Erlebnis noch nicht zu Ende: Zwei Wochen später fand diese einschneidende Erfahrung eine Fortsetzung. Bei der Gelegenheit möchte ich nun Amrita vorstellen: Amrita ist jemand, der „ungerufen" in mein Leben kam, war genau zum *richtigen* Zeitpunkt plötzlich da. Sie war früher eine erfolgreiche Schauspielerin, unter anderem auch am Stadttheater Klagenfurt. Heute nennt sie selbst sich „Satsang-Lehrerin". Satsang bezeichnet in der indischen Philosophie und in den daraus abgeleiteten spirituellen Lehren ein Zusammensein von Menschen, die durch gemeinsames Hören, Reden, Nachdenken und stille Versenkung in die Lehre nach der höchsten Einsicht streben. Zum Teil verbinden die heute im

Westen zahlreich anzutreffenden Lehrer auch traditionelle östliche Lehren mit modernen psychologischen Methoden des Westens. Satsang ist die Einladung zu entdecken, wer du wirklich bist. Satsang ist die Einladung, das *in diesem Augenblick* zu erkennen, zu erleben, zu sein. Zu sein, was du bist und immer schon warst!

Wie viele andere „Satsang-Lehrer" sitzt Amrita in Ausübung ihrer Tätigkeit vor einer Gruppe von spirituell Interessierten. Singen, Meditation und Stille sind ein wesentlicher Bestandteil bei allen Treffen mit Amrita.

Amrita

Einmal im Monat besucht Amrita ihre alte Heimatstadt Klagenfurt. Bevor ich Amrita kennenlernte, fuhr ich zu anderen Satsangs mit anderen Lehrern oder „Meistern", wie sie genannt werden oder wie sie sich oft auch selbst nennen. Mir gefällt die stille, bescheidene und doch starke Präsenz von Amrita besonders gut. Ihre Satsangs sind – verglichen mit solchen von einigen anderen Satsang-Lehrern oder Meistern – vielleicht nicht sehr spektakulär, dafür wird Wahrheit ganz seriös transportiert. Ich habe Amrita anfangs unterschätzt – vielleicht war ich geblendet von spirituellen „Auftritten" anderer. Heute weiß ich, wer Amrita wirklich ist und mit wie viel Liebe sie Menschen begleitet. Eine Meisterin.

Der Besuch von Satsangs bereitet mir immer große Freude. Ja, *Freude* ist genau das richtige Wort für meine Stimmung. Ich sehne mich nämlich nicht mehr nach einer besseren Befindlichkeit für mein Leben. Ein friedlicher und ausgeglichener Zustand ist nun schon seit langer Zeit sehr konstant. Da macht sich großer Friede und große Freude breit. Ich verspüre keine Wünsche, irgendetwas an meinen Lebensumständen zu verändern oder gar zu verbessern. Nein, es ist alles gut so, wie es ist. Konflikte inklusive.

Zwei Wochen nach meinem „Film“ mit Ramesh saß ich also wieder einmal im Satsang mit Amrita. Ich kann mich noch erinnern, dass dieser Satsang sehr stimmungsvoll verlief. Etwas Feierliches lag in der Luft. Am Ende des Satsangs bat mich Amrita noch zu bleiben. Sie hätte mir etwas Wichtiges mitzuteilen. Als alle anderen weg waren sagte sie: „Ossi, ich freue mich auf dein nächstes Buch! Ich möchte dir raten, die noch offenen Fragen deines Lebens schriftlich aufzuzeichnen. Schreib sie dir weg! Du wirst dadurch eine neue Geburt erleben. Du wirst dir selbst neu geschenkt.“

Sofort fiel mir mein mysteriöses Erlebnis mit Ramesh ein und ich erzählte ihr, dass ich ihm dabei gerade erst meine ganze Lebensgeschichte erzählt und auf alle offenen Fragen Antworten erhalten hätte. Und wie sehr ich noch unter dem Eindruck des abgelaufenen „Films“ stand! Und wie eigenartig sich das jetzt anfühlte, dass sie mit mir genau über dieses Thema „offene Fragen“ sprach.

Schließlich zog Amrita aus einer Schachtel eine DVD über Ramesh Balsekar heraus, die sie mir übergab. Inhalt: Gespräche über Leben, Glück und Zufriedenheit. Titel: „Das kosmische Geheimnis“. Ort: Rameshs Wohnzimmer, Mumbai, Indien! Sprache: Englisch mit deutschen Untertiteln!

Aha!

Wie und wo fange ich an?

Mein Bericht fängt mit der Einsicht an, dass das Streben nach einer gewissen Besonderheit oder gar Berühmtheit die Menschen extrem ins Äußerliche lenkt. Hinter solchem Streben verbirgt sich fast immer der Drang nach Macht, die einem den Status von Besonderheit verleiht. Jeder glaubt, etwas Besonderes „werden" zu müssen. Speziell berühmte Menschen scheinen immer etwas Besonderes zu sein. Sie besitzen eine gewisse Macht und eine magische Anziehungskraft. Da ich in vielen Jahren als Musiker und Autor selbst erfahren habe, was es mit der Berühmtheit – in meinem individuellen Fall nenne ich es besser Bekanntheit – auf sich hat, kann ich heute – nach dem Rückzug in die „Unberühmtheit" – sagen, dass dieses *Niemand-mehr-Sein-zu-müssen* eine riesige Errungenschaft bedeutet! Der Druck, jemand ganz Spezieller zu sein, ist der Einsicht gewichen, dass ohnehin schon jeder speziell und besonders ist, da gibt es nichts, was man „werden" könnte – weder im weltlichen noch im spirituellen Leben. Außerdem sperren sich berühmte Menschen gewissermaßen in ein Gefängnis. Mit Sicherheit hat kein *Körper* auf diesem Planeten das Bedürfnis, berühmt zu sein. Es ist immer nur der *Verstand*, der niemals zufrieden ist mit dem, was ist. Der Körper ist immer schön, auch wenn er manchen nicht gefällt, folglich braucht er also keine Veränderung, nur das Denken ist nicht immer schön.

So ergab es sich bei mir also innerlich wie von selbst, unberühmt zu sein und auch zu bleiben, auch wenn mein Ego im Außen viele Jahre lang sehr emsig bestrebt gewesen war, sich uneingeschränkte Berühmtheit zu erdenken und zu erlangen. Gott sei Dank ist es *uns* nicht gelungen!

Da ich nicht wirklich wusste, wie ich diese Aufzeichnungen beginnen sollte, habe ich einfach einmal drauflos geschrieben – zunächst ohne System, ohne Kapiteleinteilung, ohne Konzept. Genau genommen, habe nicht ich dieses Werk verfasst – vielmehr wurde es einfach durch mich geschrieben.

Es geht darin um den Bericht eines Menschen, der sich der Dualität, die auf diesem Planeten durch all die manifestierten Existenzen in ihren „persönlichen Hüllen" automatisch gegeben ist bis zum letzten Atemzug, voll bewusst geworden ist. Doch um diese Dualität zu *wissen* und sich gleichzeitig immer weniger in sie hineinzuverstricken, ist mir widerfahren – und das macht einen gewaltigen Unterschied!

Die Welt da draußen zu akzeptieren, wie sie ist, und darüber hinaus auch mich selbst anzunehmen, wie ich bin – beides ohne Änderungswünsche –, das veränderte mein Leben um 180 Grad.

Als ich vor einiger Zeit morgens wieder einmal aufwachte und den Vorgang des Aufwachens bewusst beobachtete, da wusste ich plötzlich, dass meine ganze Menschengeschichte jetzt wieder losgehen würde, so wie jeden Tag. Alles, was ich heute wieder sehen, hören oder spüren würde, erschien zwar sehr real, doch beim genauen Hinsehen an diesem Morgen merkte ich, dass erst nach dem Wachwerden das Ego hineinschlüpft in eine Körperlichkeit, die eben noch völlig weg war, als sie nämlich gerade noch im Tiefschlaf lag. Alle Tagesabläufe, die heute vor mir lagen, erschienen mir plötzlich wie durch einen Schleier, selbst wenn Ossi jetzt gleich aufstehen würde, um sie mit seinem Körper zu durchleben. War die Realität in Wirklichkeit eine Illusion? Und was war mit der Wahrheit? Im Tiefschlaf hat es gerade eben keinen Ossi gegeben, keinen Gott, keine Welt. All das erschien erst wieder beim Aufwachen. Und doch ist der Tiefschlaf wie eine Tankstelle, an deren Zapfsäule man Energie auflädt. Eine Welt, von der wir nichts wissen und die uns dennoch mit dem versorgt, was wir zum Existieren in der anderen, der realen Welt benötigen. Und was passiert in den Träumen? Da war noch einmal eine ganz andere Welt, eine mit Menschen, die ich kannte und mit denen ich verschiedenste Erlebnisse durchträumte, die mir im Moment des Träumens auch sehr real erschienen. Aber es tauchten auch andere Wesen und Orte auf, die ich real noch nie zu sehen bekommen hatte und an denen ich noch niemals war! All das verschwand mit dem Aufwachen. Was war das für eine Welt, diese Traumwelt? Was ist nun wirklich wahr? Ich musste zur Kenntnis nehmen, dass ich über diese Dinge absolut nichts wusste! Jetzt, als ich die Augen öffnete, nahm diese Realität wieder Formen an – doch an jenem Morgen erschien sie mir wie eine vergängliche Illusion, eingehüllt in den Mantel der Zeit. Mir wurde bewusst, dass die zwischenmenschlichen Begrenzungsspielchen gleich wieder losgehen würden. „Gott, ist das ermüdend", dachte ich. Und mir war klar, dass der allererste Gedanke – kurz nach dem Aufwachen am Morgen – der „Ich–Gedanke" war. *Ich* muss aufstehen, *ich* muss ins Büro. Jetzt fing also dieses Verwicklungsspiel wieder an – wie jedes Mal nach dem Schlaf. Man involviert sich in alle möglichen Beziehungen – privat, geschäftlich etc. Die Beziehung sollte besser sein, der Partner sollte sich anders verhalten, damit ich glücklich bin, im Job wünschte man sich mehr Einfluss und eine bessere Entlohnung und und und.

Faktum ist, dass bewusst lebende Menschen wohl mehr Einblick in die Falle der Dualität haben als andere. Das Urteilen, das Bewerten, das Verstricken, vor allem aber das daraus entstehende Leiden hört dann langsam auf. Der Schwerpunkt verlagert sich vom Ego, vom „ich bin Ossi", weg auf eine andere Ebene, in der „ich bin Ossi" immer weniger örtliche und zeitliche Bedeutung hat. Offensichtlich verabschiedet sich das Ego immer mehr. Das bedeutet freie Fahrt für ein Leben ohne Leiden!

So weiß ich also heute, dass ich eine ganz kleine Schraube im Getriebe des Universums bin und als dieses Schräubchen nehme ich mich nicht mehr so wichtig. Ich bin als „Körper-Geist-Figur“ nur ein Objekt, so wie alle anderen Menschen auch nur Objekte, Schräubchen sind. Doch jeder nimmt sich selbst als Subjekt wahr und sieht alle anderen als Objekte, über die er nach seinem Gutdünken befindet – ein verhängnisvolles Missverständnis! So entsteht das Verurteilen, Bewerten, Vergleichen und dergleichen mehr. Mir wurde bewusst, dass alles, was ich bis jetzt gemacht oder geleistet habe und darauf auch einmal stolz war, in Wahrheit mit der Person „Ich bin Ossi“ nichts zu tun hat, außer dass die Figur Ossi ausführendes Organ der für ihn bestimmten Erfahrungen in der ihm zugeteilten Lebensfrist war und ist – bis zum letzten Atemzug. Das bedeutet, dass beispielsweise das Schreiben aller Songs, aller Texte, aller Bücher, einfach alles, was den Namen Ossi Huber als Urheber ausweist, in Wahrheit nichts mit mir zu tun hat – das klingt sehr schräg und doch ist es wahr. All diese Werke sind nicht *wegen* sondern *trotz* der Person Ossi Huber entstanden. Diese Erkenntnis muss man sich auf der Zunge zergehen lassen, so süß schmeckt sie! Man stelle sich vor: Der Song „Satisfaction“ ist nicht *wegen*, sondern *trotz* Mick Jagger und Keith Richards entstanden. Klingt revolutionär und ist es auch. Bei sehr genauem Hinsehen bleibt wirklich kein Stein auf dem anderen.

Die Wahrheit ist und bleibt einfach nur wahr, Punkt!

Ich weiß heute aber auch, dass ich selbst nicht das Geringste mit der Umwandlung meiner Standpunkte und meines gesamten Lebens zu tun habe. Ich kann daher auch sagen, dass nicht ich „Handelnder“ oder „Täter“ war oder bin, das heißt, „ich Ossi“ habe nichts getan, wodurch diese Umwandlung schließlich erfolgen konnte. Vielmehr ist dies zurückzuführen auf eine göttliche Quelle (Gott, Selbst,

Realität), aus der alles fließt und die quasi über 7 Milliarden Menschen auf diesem Planeten gestülpt ist. So etwas geschieht einem einfach oder es geschieht eben nicht. Aus dieser Quelle heraus kommt alles, wie es kommen soll. Und so kam es irgendwann auch zur Begegnung mit Amrita.

Amrita hat immens geholfen. Zunächst dachte ich, ich bräuchte ihre Hilfe gar nicht. Ich dachte, ich wäre schon so weit gekommen, dass ich diesen Text hier ganz einfach schreiben könnte. Das tat ich zunächst auch. Alles lief dabei ziemlich chaotisch ab und hatte keinerlei Struktur. Also brachte ich, als das Manuskript fertig schien, Ordnung rein und schickte es an Amrita. Schon nach zwei Tagen erreichte mich ihre Nachricht: *„Vergiss es, Ossi, das ist es nicht!“*

Ich ertrug diese Nachricht *tapfer*, wie es Amrita nannte, und ging zurück an den Start. Nun schrieb ich meine Geschichte für mich selbst – an eine Veröffentlichung dachte ich überhaupt nicht mehr. Jetzt verstand ich erst, was sie gemeint hatte. Ich schrieb alles ausschließlich für mich. Schrieb es mir von der Seele. Schrieb mich frei.

Aus Amritas Rückmeldung über mein ursprüngliches Manuskript entwickelte sich ein ziemlich umfangreicher Dialog, der schließlich zum Kernstück meiner jüngsten Entwicklung wurde. Ich fing an, Briefe zu schreiben – an Personen, mit denen ich noch etwas offen hatte. Auf diese Weise trat die Ehrlichkeit zu Tage, die sich im Manuskript doch noch einige Male hinter den Buchstaben verschanzt hielt! Und hinter dieser Ehrlichkeit konnte ich das fehlende Element finden, das mein ursprüngliches Manuskript nun in tausend Stücke riss. Ich fand es selbst. Oder fand *es* mich?

Dieses fehlende Element war die Liebe. Die Liebe fehlte! Wo war die Liebe hingekommen? War sie überhaupt jemals in mein Leben getreten? Hatte ich jemals Liebe – wirkliche Liebe – geben können? Das war mein zentrales Thema. Hatte sich hinter dem Gedanken an Liebe noch ein

Gedanke verschanzt, der beim Geben von sogenannter Liebe immer wieder eine Gegenleistung erwartet hatte? Liegt hinter dem Geben meistens die selbstsüchtige Idee des Bekommens verborgen?

Meine eindeutige Antwort lautet: Ja. Der Gedanke hinter dem Gedanken hatte nichts mit Liebe und mit Geben zu tun. Er erdachte und erschuf sich immer den eigenen Vorteil! Das ist das Ego – immer auf den eigenen Vorteil bedacht!

Amrita schenkte mir in unserem langen Dialog den Zugang zur Ehrlichkeit. Hinter der Ehrlichkeit ist die Liebe verborgen, das habe ich herausgefunden. Die nackte Ehrlichkeit führt das Denken, das Sprechen und schließlich das Tun zusammen. Alles ist dann eins, wie aus einem Guss. Ich bin Amrita für diesen unmissverständlichen Hinweis sehr dankbar.

Es ist Gott, der sich in solchen Entwicklungen selbst erfährt – das weiß ich heute. Gott erfährt sich auf diese Weise immer und ewig in allen und in allem. Die Frage nach dem *Warum* ergibt an dieser Stelle einfach keinen Sinn. Ramesh Balsekar nennt dieses Geschehen den „grundlosen Grund“. Diese Antwort mag – vor allem Analytikern – bestimmt keine ausreichende Bestätigung auf ihr Forschen sein, jedoch ist ihre Botschaft sehr simpel und kristallklar: Man kann eben nicht alles wissen! Vielmehr noch ist es so, dass man – genau genommen – gar nichts weiß. Wohl ergründet die Menschheit die Tiefen der Ozeane und die Höhen des Mount Everest, die Beschaffenheit ferner Planeten und weiß Gott was noch. Doch die Frage „wer bin ich?“ versickert ohne schlüssige Antwort in den Tiefen des Selbst!

Der Dialog mit Amrita war manchmal sehr persönlich. Vor allem weil die Privatsphäre anderer darin erwähnter Personen gewahrt bleiben muss, habe ich mich entschlossen, ihn nicht abzudrucken. Aus diesem Grund sind auch mehrere Briefe an Menschen, mit denen ich sehr eng verbunden war oder noch immer bin und die auch sehr wichtig für meine erwähnte Entwicklung waren, nicht enthalten. Ein Hinweis über diesen schriftlichen Austausch per E-mail folgt am Ende des Berichts.

So entstand also zwischen Amrita und mir eine Verbindung, die sie selbst ganz am Anfang unseres Kennenlernens – wohl schon voraussehend - so beschrieben hat:

Lieber Ossi,

Danke für dein Vertrauen und für das, wie du bist! Ich werde dir alles zukommen lassen, was in meiner Macht steht und was für dich von Nutzen ist, um dich geistig auszudehnen!

Unsere Verbindung ist eine heilige Herz-Beziehung!
Liebe ist das Band zwischen uns – nur Liebe!
In und durch die Liebe wirst du wachsen!
In und durch die Liebe wird sich dir alles offenbaren!
In und durch die Liebe wird sich alles vollenden!
Sei innig umarmt!
Amrita

Das bedeutet wirklich Liebe! Das bedeutet Geben! Das sind nicht nur Worte. Das ist echt. Amrita und ihrem liebevollen Ehemann Norbert möchte ich ein dickes „Danke" schicken.

Zum eben erwähnten Thema „Liebe" fällt mir übrigens eine Geschichte ein, die ich im Alter von etwa zehn Jahren selbst inszeniert habe. Fehlende Liebe und Zuneigung durch den Vater – das war damals mein Thema und daraus ergab sich diese in folgender Ausführung interpretierte, kindliche Selbstinszenierung um das Drama „fehlende Aufmerksamkeit". Erst durch den Dialog mit Amrita ist die Geschichte, die ich schon längst vergessen hatte, wieder aufgetaucht. Nun darf ich sie endlich loswerden. Zu diesem

Zweck schrieb ich einen fiktiven Brief an jemanden, dessen Name mir nicht bekannt war. Der Adressat muss schon lange tot sein …

Lieber Herr Nikolai,

ich bin mit diesem Brief sehr spät dran, ich weiß. Verzeihen Sie mir bitte, ich weiß auch nicht mehr, wie Sie heißen. Ich nenne Sie Nikolai, weil ich mir gemerkt habe, dass Sie aus Russland stammen. Ich muss vor Ihnen – wenn auch nur mehr symbolisch und nachträglich – ein aufrichtiges Geständnis ablegen.

Ich war ungefähr zehn Jahre alt, als sich die folgende Geschichte ereignete. Es war mir schon damals, gleich nachdem mein Vater Ihnen eine krachende Ohrfeige verpasst hatte, sehr peinlich, doch hatte ich nie den Mut, meinem Vater die Wahrheit zu erzählen. Was habe ich mich vor Ihnen geschämt!

Meine Eltern besuchten in dieser Zeit am Sonntag gerne einen Gasthof in einer nahen Ortschaft. Die Betreiber des Gasthofes waren Freunde meiner Eltern. Sie, Herr Nikolai, so erzählte man, waren nach dem Krieg in Kärnten geblieben und hatten bei der besagten Familie als Hausarbeiter Anschluss gefunden.

An diesem Sonntag verließ ich das Gastzimmer und suchte die Toilette auf. Ich stand vor einem der beiden Pissoire, als Sie sich vor das andere stellten. Ich kann mich nur mehr dunkel daran erinnern, dass Sie gerade im Begriff waren, wegzugehen. Dabei sind Sie wohl irgendwie ausgerutscht und haben mich berührt. In Ihrem gebrochenen Deutsch sagten Sie etwas – es wird wohl eine Entschuldigung gewesen sein. Für mich klang es sehr russisch und dadurch sehr bedrohlich. Diese Wortfetzen sowie Ihre Glatze, Ihre groben

Gesichtszüge und der graue Arbeitsanzug erzeugten ein gruseliges Gefühl in mir. Es ging alles sehr schnell. Ich fühlte mich anscheinend bedroht und lief – unter Schock – weinend ins Gastzimmer.

Mein Vater war sofort da und stellte Sie zur Rede. Auf seine Frage, was denn überhaupt vorgefallen sei, erzählte ich, dass Sie mich belästigen wollten. Blitzschnell schlug mein Vater zu. In diesem Moment wusste ich, dass ich gelogen hatte. Sie wehrten sich nicht und beteuerten nur, dass Sie überhaupt nichts getan hätten. Wie hilflos Sie aussahen in Ihrer grauen Montur und wie mächtig meine Lüge geworden war!

Das Gastwirteehepaar versuchte zu beschwichtigen und hielt für Sie die Hand ins Feuer. Da wäre noch nie auch nur die kleinste Kleinigkeit vorgefallen.

Die Situation schien ausgestanden, doch fand ich nie den Mut, meinem Vater die Wahrheit zu sagen, nämlich, dass Sie mich *nicht* belästigt hatten. Nur Sie und ich wissen das. Und es geriet in Vergessenheit. Doch vor kurzer Zeit ist die Geschichte wieder aufgetaucht. Sie zeigt mir heute auf, was ich zu unternehmen bereit war, nur um die Aufmerksamkeit, vor allem aber die Liebe meines Vaters zu gewinnen. Heute weiß ich, dass mein Vater selbst niemals Liebe erfahren hatte, wie also hätte er sie mir schenken können?

Ich frage mich, was wohl aus Ihnen geworden ist. Ich hoffe, Sie hatten eine schöne und ruhige Zeit hier. Gut, dass sich die Wirtsleute so schützend vor Sie gestellt haben.

Verzeihen Sie mir bitte, Herr Nikolai …

P.S.: Lieber Herr Nikolai, die nicht geschenkte Liebe meines Vaters verursachte großen Schmerz. Ich habe den Schmerz viele Jahre verdrängt. Einmal ist er in Ihrem Gesicht gelandet. Er lässt erst nach, sobald man die Liebe für sich selbst entdeckt und mit dem Geben davon beginnt. Ich glaube, ich bin jetzt soweit …

O.H.

Die Suche

Es wächst.

Mit diesem einfachen Satz möchte ich die Aufzeichnungen beginnen. Einfachheit ist mir dabei ein besonderes Anliegen. Es geht im speziellen um das Verstehen des Lebens. Ursprünglich wollte ich ein Buch über mich – über *Ossi Huber* schreiben. Jedoch ist Ossi Huber im Laufe der Zeit immer unwichtiger geworden, das ist ein Teil des Verstehens.

Ich bin als Oskar Huber im Jahre 1954 geboren worden – seit der ersten Klasse im Gymnasium nannten mich meine Freunde Ossi, bei diesem Namen ist es geblieben.

Ich war schon immer ein Mensch, der genau hingesehen hat und alles genau wissen wollte. So kam es oft vor, dass ich zum Leidwesen vieler anderer immer alles genau hinterfragte – so lange bis etwas sich als so einfach und klar für mich darstellte, dass ich es richtig kapierte, so tief kapierte, dass es schließlich in Fleisch und Blut überging. So entwickelte ich mich relativ früh zum Beobachter und zum Sucher.

Von Geburt an ist der Mensch mit einem Intellekt ausgestattet. Im Laufe des Lebens lässt uns dieser Intellekt erahnen, dass es da noch *mehr* geben muss als Freud und Leid in der Art, wie wir es alle kennen und immer wieder erleben – nämlich das „immer anhaltende Glück". Diesen Zustand gilt es zu erreichen, das möchte doch jeder. So beginnt jede Suche! Ein großer indischer Meister namens Satchidananda meinte zu seinen Lebzeiten zu diesem Thema: *„Wenn Du also mit der Suche beginnst, dann lass Dir gesagt sein: Das ist die große Wende! Von diesem Moment an bist Du auf dem Weg nach Hause!"*

Über die Suche will ich also berichten – hin bis zum Ende des Suchens. Ein paar Stationen meines Lebens, das manchmal einen interessanten Lauf genommen hat, werde ich natürlich auch beschreiben. Dadurch können schließlich die krassen Gegensätze aufgezeigt werden, die mich durch mein Leben begleiteten. Hauptthema ist für mich aber das Suchen an sich, das ja vielen Menschen auch bekannt ist, und die damit verbundene Veränderung.

Öfters habe ich die Suche unterbrochen und ließ einfach alles geschehen. Das fühlte sich übrigens – nachträglich betrachtet – immer gut an. Irgendwann kam dann auch der Tag, an dem sich die Suche von selbst erschöpfte, weil ich am eigenen Leib spüren konnte, dass die Suche selbst das größte Hindernis darstellt.

Auf einmal war es klar, dass die Suche der einzige Grund des bisherigen Nichtfindens gewesen war; dass man da draußen in der Welt nicht finden und daher nie haben kann, was man immer schon ist.

Paul Watzlawick (Vom Schlechten des Guten)

Zunächst stellte ich fest, dass man intellektuell ziemlich weit kommen kann mit seiner Suche. Dabei geht es nach meiner Erfahrung in erster Linie wirklich darum, die Suche selbst ernst zu nehmen, genau hinzusehen, kritisch zu hinterfragen. Der Intellekt oder der *denkende Verstand* – genannt auch das *Ego* – will schließlich alles möglichst genau wissen und immer den Vorteil für die Körper-Geist-Figur herauskristallisieren. Allerdings können wir das Ego nicht bekämpfen oder gar besiegen und ausradieren, denn das würde ja bedeuten, uns selbst auszuradieren. Nein, das Ego kann und soll vielmehr genutzt werden, um mit großer *Ernsthaftigkeit* die Hintergründe zu beleuchten, die während der Suche noch im Dunkeln liegen. Die meisten Menschen werden dabei ungeduldig – weil ihr Ego eine sofortige Lösung fordert. Da sich diese Lösung in den meisten Fällen jedoch nicht gleich offenbart, kommt Ungeduld auf.

Und diese aufkommende Ungeduld überdeckt das ernsthafte Interesse am Weitersuchen. Die allermeisten Menschen haben nämlich kein wirkliches Interesse an der Aufdeckung des Lebensgeheimnisses. Eingesperrt in ihren Gewohnheiten, befinden sich viele in der sogenannten *Komfortzone*. Das ist eine Zone, in der man sich bestens auskennt und vor allem nichts zu verändern braucht. Sicher gibt es auch viele schöne Momente hier in der Komfortzone. Meistens überwiegen jedoch die unglücklichen Momente, das sind die, in denen Unzufriedenheit hochkommt. Man stellt sich sein Leben besser vor als es tatsächlich ist. Oft muss man mit unangenehmen Situationen vorlieb nehmen und fragt sich dann: „Warum habe gerade ich so viel Pech, warum passiert das genau mir?“ Schließlich möchte jeder am liebsten immer nur glückliche Momente erleben. Genau das ist der Kern des Problems. Die meisten wünschen sich ihr Leben also anders, als es gerade ist! Es liegt nämlich in der Natur des Lebens, in der Natur der Dualität, dass es nicht immer nur schöne Momente in unserem Leben gibt, die uns glücklich machen. Genau genommen stellt es sich so dar, dass Momente erst als *schön* empfunden werden können, wenn es das Gegenteil – also *schlechte* Momente auch gibt. Erst wenn man nur mehr neutrale Momente erlebt, die man weder als gut oder schlecht erkennt, ist das duale Gefüge durchschaut. Es passiert uns nie etwas, das nicht zu uns gehört! Weder *Gutes* noch *Schlechtes*!

Zum Selbstschutz hat der Mensch in seiner grenzenlosen Oberflächlichkeit gelernt, wie man mit den unglücklichen Momenten umgeht. Das „Handling“ damit ist zur Routine geworden. Man agiert aus Gewohnheit. Ja, in seiner Komfortzone fühlt man sich sicher und vor allem: Man braucht nichts zu verändern!

Vertrauen und Ernsthaftigkeit

Ich habe im Laufe meiner Entwicklung erfahren, dass es zur tatsächlichen und spürbaren Veränderung zunächst zwei Eigenschaften braucht, die ein Vorangehen auf der spirituellen Reise überhaupt erst möglich machen. Dabei handelt es sich zum einen um das Vertrauen in den Prozess, der da seinen Anfang genommen hat und der genau dorthin führen wird, wo er hinführen soll. (Allein in diesem Satz steckt schon Vertrauen.) Zum zweiten stellt sich die bereits erwähnte Ernsthaftigkeit als große Hilfe am Weg dar.

Ein Beispiel: Ein Buch zu lesen oder ein Buch wirklich *ernsthaft* zu lesen und den Inhalten zu vertrauen – das ist ein haushoher Unterschied! Ernsthaftigkeit bedeutet unterm Strich *ganz genaues Hinsehen*! Es könnte nämlich sein, dass man sich nur hinter einem Pseudo-Interesse versteckt, Bücher zwar „frisst", aber sich dabei doch beschwindelt. Doch wer würde sich das schon eingestehen? Sehr oft kommt es vor, dass wir uns – vielleicht einem Tipp eines Freundes folgend – ein Buch besorgen und uns dann dabei ertappen, dass wir mit dem Inhalt wenig anfangen können. Was sollte so ein *geborgtes* Buch also verändern?

Übrigens gibt es viele spirituelle Meister, die meinen, dass noch niemand durch ein Buch oder ein Seminar *aufgewacht* sei. Ich kann mich dieser Meinung nicht anschließen, weil ich selbst erlebt habe, was Inhalte von Büchern - wirklich ernsthaft gelesen - bewirken und bedeuten können. Es schien, als wären diese Bücher von selbst zu mir gekommen – da war kein geborgter Inhalt dabei! In mir entwickelte sich ein tiefes Vertrauen in diese Materie und die Ernsthaftigkeit, mit der ich an die Sache heranging, brachte mich zum Staunen. Ich weiß nicht genau, wie oft ich Ramana Maharshi, Nisargadatta Maharaj oder Ramesh Balsekar studiert habe, doch hatte ich das Glück, sehr genau gelesen zu haben, oft nur einen einzigen Absatz pro Tag – immer wieder, immer wieder. Mein Durst war unermesslich, in meiner Sehnsucht widmete ich mich fast ausschließlich der Suche. Ich habe gelebt in diesen Büchern und sie in mir. Ich habe mit ihnen förmlich kommuniziert und habe diesen Stoff Jahre lang richtiggehend studiert. Oft habe ich die letzte Seite eines Buches umgeschlagen und gleich danach wieder mit Seite 1 begonnen. Jedes Mal hatte ich den Eindruck: „Hey, das ist ein neues Buch!" Ich erlebte dabei, wie ich die Inhalte zuerst intellektuell zu erfassen begann, um bald zu erkennen, dass sich da immer mehr auch innerlich festsetzte. So entstanden bald eigene Erfahrungen. Daraus wuchs in mir ein großes Vertrauen, das sich als treuer Begleiter auf dem weiteren Weg bewährt hat.

Durch Vertrauen, Ernsthaftigkeit und mein brennendes Interesse hat sich der Inhalt verschiedener Bücher für mich immer wieder anders dargestellt. Mein Zugang hatte sich durch das wirklich ernsthafte Lesen verändert. Jedes Mal entdeckte ich neue Passagen, die in der Folge vom Geheimnis zur offenen Wahrheit mutierten und sich so anfühlten, als ob sie in meine Blutbahn initiiert worden wären. Ich hatte sehr oft, wenn ich in einem meiner Bücher „drin saß", den Eindruck, das schönste aller Geschenke erhalten zu haben, selbst oder gerade weil es absolut nichts mit etwas Materiellem, sondern in erster Linie mit spirituellen Inhalten zu tun hatte. Und stets empfand ich für die neuen Eindrücke eine tiefe Dankbarkeit. Diese Dankbarkeit kannte ich früher nicht. Früher war ich gierig. Gierig nach dem Leben, gierig nach Materiellem, nach Erfolg, nach Anerkennung …

All diese Gier hat sich in einer stillen Dankbarkeit aufgelöst, wohl weil sie als Gier erkannt und akzeptiert werden konnte. Dankbarkeit ist eine durchaus lebenswerte Kategorie – das hatte ich noch nie vorher in diesem Ausmaß erfahren.

Ich lese die erwähnten Bücher, die ich an anderer Stelle gerne als Empfehlung weitergebe, immer noch. Ich lese sie immer wieder, weil sie mir große Freude bereiten. Ich lese einfach gerne. Erst durch dieses genaue Lesen ist der intellektuell begreifbare Teil des Weges für mich begehbar geworden. Ich kann von mir sagen, dass mich Bücher *auf den Weg* gebracht haben. Natürlich gab es aber auch immer wieder Menschen, die das Ihre zum Prozess beigetragen haben, aber das wirklich *ernsthafte* Lesen von Büchern hat mein ganzes Leben in wunderbarer Weise verändert. Deshalb gebe ich meine Erfahrungen auch weiter. Ich berufe mich auf keine Religion, es gibt keine Philosophie, die ich empfehlen könnte, auch keinen Glauben (an wen auch immer) oder sonst was. Ganz im Gegenteil: Ich möchte jeden Leser auffordern, auch mir nicht so einfach zu glauben, sondern selbst ganz genau hinzusehen, lieber nichts zu akzeptieren, bevor man nicht selber den Beweis kennt! Es ist besser, nichts zu glauben, bevor man es nicht für sich selbst benutzt hat und sehen kann, dass es wahr ist!

Bücher können aber auch in die Irre leiten! Es gibt beispielsweise viele Bücher über positives Denken. Als könnte man nur mit positivem Denken die Situation immer verändern! Wenn sich zum Beispiel ein lieber Mensch verabschiedet – aus einer Beziehung oder aus dem Leben – oder wenn jemand sein Haus, seinen Job oder alles Geld verliert, wer glaubt da wirklich, dass die Tipps aus dem Buch „*Denk positiv*“ weiterhelfen? Das klingt eher nach einer Anleitung zur bewussten Verdrängung. Hier sind schließlich äußerst unerfreuliche Dinge passiert, die wir nicht so einfach durch positives Denken wegzaubern können, wie uns manches Buch lehren möchte. Ganz im Gegenteil: Durch diese Methode würde das Unerfreuliche, das Traurige an der Sache abtauchen ins Unterbewusstsein, um unter Garantie zu einem anderen Anlass – möglicherweise in verhärteter Form – wieder hochzukommen. Wenn wir beispielsweise einen wertvollen Menschen verlieren, egal ob durch Trennung oder Tod, dann sollten wir die Trauer um den Verlust annehmen! Wir können sie uns ja nicht einfach „*wegdenken*"! Tief in der Trauer liegt schon ihre Auflösung verborgen, wie lange es auch bis dahin dauern mag.

Natürlich muss jeder „seine" Lektüre finden, sie kann für die Entwicklung entscheidend sein. Zugegebenermaßen ist das Finden der „richtigen" Bücher bei dem Massenangebot an „Anleitungen für ein glückliches Leben" nicht ganz einfach. Sogenannte „Bestseller" garantieren jedenfalls noch keinen individuellen Erfolg. Dies gilt gleichermaßen auch für das Finden der „richtigen" Menschen. Als Voraussetzung zum Finden sind jedenfalls eine Portion Vertrauen und viel Ernsthaftigkeit hilfreich. Durch den Buchtitel: *Denke nach und werde reich!* ist jedenfalls zumindest ein Mensch wirklich reich geworden, nämlich der Autor!

Nachdenken führt übrigens immer nach außen. Alles Wissen, das wir uns im Außen aneignen, ist in Wirklichkeit eher hinderlich. Nicht dass ich mich gegen eine solide Allgemeinbildung aussprechen würde, nein, die kann sehr hilfreich sein, aber die eifrige Suche nach der spirituellen Erfüllung hat mit äußerem Wissen sicher nichts zu tun. Entspannung fängt erst an, wenn das Streben nach Wissen aufhört. Dann wissen wir, dass wir nichts wissen. Diese Antwort aber kommt von innen und ist nicht durch den Druck auf den „Intellekt-Knopf" abrufbar.

„Ich“

Kehren wir wieder zum Start zurück: Das Einzige, was wir wirklich wissen, ist doch, dass wir existieren. Das ist jedenfalls wahr, oder? Also können wir behaupten: „Ich existiere.“ So weit so gut. Aber wer ist nun dieses *Ich*, das da existiert? Stellen wir uns diese Frage, auch wenn keine Antwort darauf kommt! Wenn wir nach dem Schlafen am Morgen aufstehen, dann sagen wir: „Ich habe geschlafen.“ Wenn wir aus einem Traum erwachen, dann sagen wir in der Regel: „Ich habe geträumt.“ Das *Ich* ist also immer da – wenn wir wach sind und auch wenn wir träumen. Was ist das für ein *Ich*, das immer existiert? Wo kommt es her? Das sollten wir uns immer wieder fragen! Folgen wir dem *Ich* tief nach innen, da liegt die Antwort, auch wenn sie sich nicht gleich präsentiert. Da drin im Inneren – da sitzt die Wahrheit! Da ist die Quelle. Wenn wir diesem *Ich* immer wieder nach innen folgen, dann kommen wir irgendwann drauf, dass neben der Existenz, die wir gerade festgestellt haben, immer ein *Ich* vorkommt. Jeder andere Gedanke außerhalb von *Ich* ist zunächst zweitrangig. Immer kommt das *Ich* vor. Was immer wir über uns sagen möchten, immer geht es dabei um das *Ich*. Ich, ich, ich! Ich bin so toll, ich habe das getan, ich habe dies nicht getan, ich habe ein Haus, ich habe ein Auto, ich habe zwei Kinder, ich habe eine Frau. Was ist das für ein *Ich*? Wer bin ich?

Nun, ich bin Oskar (Ossi) Huber – aber das ist nur eine Erinnerung. Oskar, Ossi – das sind nur Namen –, sie haben nichts mit *wer ich wirklich bin* zu tun. Ich habe die Matura absolviert, ich war Baukaufmann, ich war Reisender, ich bin in einer öffentlichen Behörde tätig, ich bin Musiker, ich schreibe Texte. All das sind Erinnerungen. Das sind Zeugnisse und berufliche Laufbahnen. All das hat nichts mit *wer ich wirklich bin* zu tun.

Ich habe eine wunderbare Tochter, eine attraktive Lebensfreundin, ich wohne in einer schönen Wohnung, ein gutes Auto steht in der Garage, ich war mit vielen schönen Frauen zusammen und habe die Welt als Musiker gesehen. All das sind besitzanzeigende Unwahrheiten, wenn man es ganz genau betrachtet. Diese scheinbaren *Besitzverhältnisse* haben nichts mit *wer ich wirklich bin* zu tun.

Ich habe viel gelesen, ich verfüge über eine solide Allgemeinbildung, ich habe viele Länder gesehen, ich kenne einflussreiche Persönlichkeiten, ich bin etwas Besonderes. Ich, ich, ich ,ich. Das alles hat nichts mit *wer ich wirklich bin* zu tun. Ich bin weder ein guter noch ein schlechter Ossi – das ist nur ein Name. Auch wäre ich kein besserer oder schlechterer Herbert geworden. Allein an der Überlegung, ob der kleine Mensch, der ohne Namen und nackt hierher kam, nun Oskar oder Herbert heißen soll, zeigt die Absurdität eines Namens auf. (Andererseits sind natürlich Namen nützlich, weil sie uns benennen). Aber was ist mit dem *Ich*?

Genau hinsehen

Wenn wir also dem *Ich* nach innen folgen, dann gehen wir diesem *Ich* auf den Grund und kommen drauf, dass es auf die Frage: *Wer bin ich?* keine schlüssige Antwort gibt. Da ist zunächst nur Leere. Diese Leere bedeutet aber gleichzeitig, dass sich hier die Wahrheit, die unbegreiflich ist, auftut. Alles, was wir hingegen mit unserem intellektuellen Wissen beantworten können, sind nur Antworten auf Phänomene. Antworten auf Dinge, die kommen und gehen, die sich heute so darstellen und morgen schon wieder überholt sein können. Daraus ergibt sich, dass alles, was nicht immer besteht, auch nicht wahr sein kann. Im Wissen, dass man nichts weiß, entsteht eine Leere, in der die ultimative Wahrheit und das Göttliche verborgen liegen. Man könnte diese Leere auch göttliche Quelle oder absolute Realität nennen. Darin liegen Frieden und Befreiung! Und wenn jemand diesen Frieden wirklich erfährt, wenn jemand dem Ich-Gedanken zu seiner Quelle folgen konnte, dann wird er feststellen, dass er diese Erfahrung nicht so einfach an seine Freunde und Verwandten weitergeben kann. Er ist nämlich gerade auf das Unendliche im Inneren gestoßen. Das Endliche aber kann das Unendliche nicht erfassen! Deshalb funktioniert auch keine Erklärung mit Worten. Das muss verstanden werden und es ist nicht leicht zu verstehen.

Den meisten Menschen geht es doch darum, möglichst viel intellektuelles Wissen anzusammeln. In diesem Wissen finden sie ihre eigene Anerkennung und werden von der Gesellschaft geschätzt und bestätigt. Wer viel weiß, wird bewundert. Also ist es in der Gesellschaft fast peinlich, nicht „Wissender“ zu sein. Ich möchte mit meinem folgenden Statement auch niemanden zum Analphabetismus aufrufen, ganz im Gegenteil: Das Interesse an Bildung und das Erwerben von Wissen sind natürlich als positive Aspekte zu sehen und können mitunter auch sehr hilfreich beim Verstehen des Unbegreiflichen sein. Doch sehen wir selbst einmal hin und sehen wir genau hin: Der größte Wissenschaftler kann hochintelligente Berechnungen erstellen oder mit Analysen aufwarten, die für Normalverbraucher unnachvollziehbar bleiben und „einfacheren Menschen“ große Bewunderung abverlangen. Die Frage „Wer bin ich“ kann aber auch er nicht beantworten, außer, er ist den ganzen Weg gegangen.

Der wohl bekannteste aller Wissenschafter, Albert Einstein, ist ein schillerndes Beispiel für einen Wissenden, der zwar wohl Phänomene vieler Art zu analysieren wusste, vor dem Absoluten jedoch kapitulierte er ehrfürchtig. Schließlich gab er zu, die Formel der Relativitätstheorie

($E=mc^2$) nicht persönlich erfunden zu haben – nein, sie kam von irgendwo her! Von außen! Das ist wahre Größe und gleichzeitig Bestätigung, dass hinter dem intellektuell erreichbaren Wissen noch ein anderes, ein viel größeres Wissen liegt, das unerreichbar und unerklärbar ist. Nämlich das Wissen, dass wir nichts wissen! Hier hört Einstein auf und fängt Gott an! Folglich bleibt da nichts übrig, was wir uns von so genannten „Wissenden" borgen oder ihnen glauben könnten. Vielmehr bleibt unter dem Strich als gültig stehen: Nicht alles wissen zu wollen oder anderen glaubend zu folgen, führt zur Wahrheit – nein – jemandem nicht gleich alles zu glauben und es selbst zu überprüfen und nachzuforschen, das führt zur individuellen Wahrheit! Dadurch kommt man zu einer eigenen Erfahrung und nur die kann authentisch sein!

Dahinter steckt auch noch Bestimmung, darüber werde ich später berichten. Ich weiß heute, dass ich mir meinen Weg nur vermeintlich *selbst* ausgesucht habe. In Wirklichkeit unterliegen wir alle einer Bestimmung, nennen wir sie ruhig Gott. Das Herausfinden dieser Tatsache erfordert allerdings ein sehr genaues Hinsehen. Ich meine jedoch, dass die meisten Körper-Geist-Figuren gar nicht wirklich interessiert sind am genauen Hinsehen und so das wirklich Wesentliche im Leben an ihnen vorbeizieht. Das sind zwar dann gleichzeitig genau jene Leute, die kleinere oder meistens sogar größere Probleme in ihrem Leben haben, die sie jedoch in ihrer *Komfortzone* routiniert „unter Kontrolle wähnen". Das bedeutet aber Leiden! „Das Leben ist nun einmal schwer und kompliziert", sagen solche Menschen.

Der geringere Teil der Menschen hat diese Probleme nicht. Dieser kleine Prozentanteil *weiß* auch, warum das so ist, und ist daher unendlich dankbar für die Gnade, die ihm widerfahren ist! Ein Teil dieses geringen Prozentsatzes, sagen wir einmal es handelt sich dabei um 1%, wird nun versuchen, seinen wertvollen Erfahrungsschatz weiterzugeben an die übrigen 99%, doch die 99% scheitern meistens an mangelndem Interesse und an fehlender Ernsthaftigkeit. Sie scheitern am Vertrauen in das Leben und in sich selbst. Und niemand kann etwas dafür – so funktioniert nun einmal das Spiel der göttlichen Quelle!

Als „Körper-Geist-Figuren“ bezeichne ich in Anlehnung an Ramesh Balsekars „Körper Geist Organismen“ übrigens Menschen, die sich bewusst sind, einen Körper und einen Geist (Verstand) zu besitzen. 99% der Körper-Geist-Figuren sehen in ihrem Körper und ihrem Verstand die einzig wahre Realität. Das hängt natürlich unmittelbar damit zusammen, dass sie sich als Handelnde, als Akteure sehen, die mit ihrem freien Willen Entscheidungen treffen, die das sogenannte Leben ausmachen. Nur wer ganz genau und ernsthaft hinsieht, wird erkennen, dass da etwas nicht stimmt!

Freier Wille und Involvierung

Menschen glauben in der Regel daran, über einen freien Willen zu verfügen und damit freie Entscheidungen treffen zu können. So haben wir es gelernt oder gehört. Diese These steht im krassen Gegensatz zu uralten, östlichen Philosophien.

Aber auch Wissenschaftler wie Albert Einstein oder westliche Philosophen wie Arthur Schopenhauer, Immanuel Kant oder Friedrich Nietzsche – um nur einige wenige zu nennen – hatten ihr Problem mit dem freien Willen. Albert Einstein etwa sagte: „Ich weiß ehrlich nicht, was die Leute meinen, wenn sie von der Freiheit des menschlichen Willens sprechen. Ich habe zum Beispiel das Gefühl, dass ich irgendetwas will; aber was das mit Freiheit zu tun hat, kann ich überhaupt nicht verstehen. Ich spüre, dass ich meine Pfeife anzünden will und tue das auch; aber wie kann ich das mit der Idee der Freiheit verbinden? Was liegt hinter dem Willensakt, dass ich meine Pfeife anzünden will? Ein anderer Willensakt?" (*Ich vertraue auf Intuition*, *Der andere Albert Einstein,* Spektrum Akademischer Verlag Heidelberg, Berlin, Oxford, Seite 176.)

Schopenhauer hat einmal gesagt: „Der Mensch kann tun was er will; er kann aber nicht wollen was er will." (siehe www.zitate-aphorismen.de)

Und Friedrich Nietzsche meinte: „Ich lache eures freien Willens und auch eures unfreien: Wahn ist mir das, was ihr Willen heißt, es gibt keinen Willen." (Nachlass, Sommer 1883, 13 [1-36], Zarathustras heilige Gelächter)

Im Gegensatz zur herkömmlichen Meinung, die davon ausgeht, dass der Mensch einen freien Willen besitzt und diesen auch jederzeit ausüben kann, sieht Ramana Maharshi – er gilt als einer der größten Weisen Indiens – im Prinzip alles vorherbestimmt. „Na gut", könnte man da sagen, „wenn alles vorherbestimmt ist, dann können wir uns ja entspannt zurücklehnen und warten, was passiert – es passiert ja sowieso!" Die wenigsten Menschen würden es aber in Lethargie aushalten. Im Grunde genommen sind Menschen nun einmal aktiv, wie immer sich diese Aktivität auch ausdrücken mag. Wenn also ohnehin etwas zu tun ist, warum sollte man nicht gleich in der Form aktiv werden, den Weg nach innen ernsthaft zu suchen und auch zu beschreiten (natürlich ist letztendlich auch diese „freie Entscheidung" bestimmt). Ist man aber dann einmal die ersten Schritte gegangen, so stellt es sich bald heraus, dass eine Rückkehr in die Passivität nur mehr sehr schwer möglich ist. Wie sagte Satchidananda: „Das ist die große Wende! Von diesem Moment an bist du auf dem Weg nach Hause!"

Einmal berührt von der inneren Wahrheit, vom Geschmack des Selbst, macht sich ein Feeling breit, das in einem sehr tiefgehenden Glücksgefühl mündet. In meinem Fall ging es so tief, dass sich alle Inhalte step by step verschoben und sich plötzlich völlig neue Prioritäten auftaten. Materielle Dinge und Äußerlichkeiten traten zu Gunsten innerer Werte wie Freude oder Liebe zurück. Daraus erwuchs im Laufe der Zeit der innere Frieden, von dem ich hier spreche. In diesem inneren Frieden liegt das Geheimnis für ein leichteres Leben verborgen. In meinem Fall war das Einschlagen dieses Weges der Beginn eines unbeschwerten und friedlichen Lebens. („Nichts kann mehr passieren!“)

Aus heutiger Sicht ist jede Situation meines Lebens – so sehr sie auch mit Leid oder Glück verbunden sein mag – neutral. Ich weiß heute, dass keine meiner Lebenssituationen jemals hätte anders sein können. Es gab und gibt in keiner Situation einen Schuldigen – was immer mir auch passiert ist und weiterhin passieren wird. Daher fällt es mir jetzt auch leicht, mit neu auf mich zukommenden Situationen klar zu kommen. Darin liegt das Geheimnis. Ganz zu Beginn meines Berichtes habe ich Krishnamurti zitiert: „Ich habe nichts gegen das, was geschieht!“ Ich betone hiermit, dass ich bis zur Akzeptanz dieses Phänomens immer ein Mensch war, der so wie die allermeisten, mit Körper und Verstand die aktuell anstehenden Lebensprobleme zu lösen versuchte. Daraus entstanden viele menschliche Befindlichkeiten wie Stolz, wenn *mir* beispielsweise etwas scheinbar „Gutes“ gelungen war oder ich für etwas, das *ich* geleistet hatte, gelobt wurde. Es entstanden im Gegensatz dazu aber auch Befindlichkeiten wie Wut, Hass, Schuld oder Neid, wenn *mir* etwas „Schlechtes“ widerfahren war.

Das „Gute“ wie das „Schlechte“ stellt die immerwährende Dualität dar, mit der wir Menschen bis zum letzten Atemzug leben müssen. In diesem Körper und mit diesem Geist ausgestattet, gibt es gar keine andere Möglichkeit, als das Leben in Dualität zu erfahren. Einmal oben, einmal unten.

Erst durch das „oben" ergibt sich das „unten"! Das Klarkommen mit dieser Dualität liegt einfach und allein in unserer Akzeptanz derselben. Zu akzeptieren, dass einem Gutes wie auch Schlechtes widerfährt und beides neutral annehmen zu können und die daraus folgenden Lebenssituationen zu erleben, wie sie sind – das macht den Unterschied, der so winzig klein erscheint und doch gleichzeitig so riesengroß ist, dass ich mich andauernd frage, wie das so lange übersehen werden konnte. Dieser Unterschied ist nämlich die Auflösung des gesamten Problems. Kein „unglücklich oder unzufrieden sein" mehr! Alles *soll so sein, wie es ist*!

Zu diesem Thema staunte ich übrigens vor einiger Zeit, als ich im Fernsehen ein junges Mädchen sprechen hörte. Es war ein verregneter Sonntag im November 2009. Ich saß entspannt vor dem Fernseher und zappte durch die Programme. Bei einer Sendung in RTL blieb ich hängen – es handelte sich um einen dieser Talentebewerbe. Ein Wettbewerb mit Dieter Bohlen in der Jury. Ein elfjähriges Mädchen wurde gerade interviewt. Man fragte, was es denn darbieten würde und was denn eigentlich seine Mutter von Beruf sei. „Hellseherin" sagte das Mädchen. Und: „Ich werde singen." Nun war zu spüren, wie die Interviewerin nach der Sensation gierte. „Ja, aber wenn deine Mutter Hellseherin ist, dann weißt du ja schon, wie der Bewerb ausgeht, wie weit du kommst, ob du erfolgreich sein wirst." Der klassische Zuseher erwartete nun wohl eine Antwort, die irgendwie auf die hellseherischen Qualitäten der Mutter hinweisen würde. Doch das Mädchen gab der Reporterin eine wunderbare Antwort und ließ sie dabei richtig alt aussehen: „Ach, wissen Sie, meine Mutter sagt immer: ‚Es kommt alles so, wie es kommen soll! So, wie ich in diesem Bewerb abschneiden werde, so soll es sein!'"

Wow. Ein elfjähriges Mädchen. Pure Weisheit!

Dann sang das Mädchen. Mit seiner sensationellen Stimme begeisterte es alle Zuhörer in der Halle und die Fernsehzuseher. Mich begeisterte das Mädchen auch. Es hatte ein Lächeln, das ich bei einem Mädchen dieses Alters noch nie gesehen habe. Es war eigentlich kein Lächeln – vielmehr war es ein Strahlen. Ich rede von einer Ausstrahlung – dieses Mädchen hat mich tief berührt.

Dieter Bohlen war zuerst sprachlos. Dann meinte er, dass sie wohl die beste elfjährige Sängerin sei, die er je gesehen hätte.

Ja, der Gesang war beeindruckend. Viel mehr beeindruckten mich aber die Ausstrahlung, die Bescheidenheit und die echte Weisheit, die dieses Mädchen begleiteten. Kurz darauf sah man die Mutter – auch strahlend. Es war zu spüren, dass dieses Hellsehen nicht in Verbindung stand mit Kartenlegen oder Sterndeuten oder Kaffeesudlesen. Nein. Da war eine Weisheit im Ausdruck von Mutter und Tochter. Auch wenn dieses elfjährige Kind vielleicht nur intellektuell etwas von ihrer Mutter aufgenommen haben mochte, so war doch zu erkennen, dass dieses intellektuelle Annehmen mit der Zeit hineingesunken war in ihr junges Herz.

Keine Ahnung, wie das Mädchen im Bewerb abgeschnitten hat – das ist auch völlig unerheblich. Da wächst wohl ein Mensch heran, der das Leben so nehmen können wird, wie es kommt. Ohne wenn und aber. Ein Mensch, der wohl frei von Leid sein wird!

Alles ist genau so, wie es sein soll!

Jede vermeintlich individuelle Handlung einer Körper-Geist-Figur ist in Wirklichkeit gar keine individuelle Handlung. Das klingt beim oberflächlichen Hinsehen absurd, lässt sich aber für jeden, der bereit ist, unter die Oberfläche zu schauen, nachvollziehen. Es gibt niemanden, der wirklich ein Handelnder ist! Der große Buddha sagte dies schon vor mehr als 2.500 Jahren: „Dinge passieren, doch es gibt keinen Handelnden."

In einer wissenschaftlichen Fernsehsendung in 3sat hörte ich vor kurzem: „Es gibt zwar Handlungen, aber offensichtlich keinen, der handelt." Dieser Satz stammt tatsächlich von Wissenschaftlern, die sich heute mit den Funktionen des Gehirns auseinander setzen. Kurz gesagt, sind Neurowissenschaftler also zu der Erkenntnis gelangt, von der der große Buddha schon vor 2.500 Jahren sprach!

Jede Handlung, von der wir glauben, sie sei *unsere* Handlung, kommt nicht wirklich von uns, selbst wenn unser Körper sie ausführt, weil unser Verstand ihm vorher den Auftrag dazu gegeben hat. Zu diesem Thema möchte ich nun einmal Ramesh Balsekar zu Wort kommen lassen. Meine „Begegnung" mit ihm hat mich in meiner Akzeptanz dieser Erkenntnis bestärkt. Für mich stimmt jedes Wort aus seinem Mund, ich habe grenzenloses Vertrauen in seine Aussagen.

Ramesh Balsekar: „Eine Handlung findet dann statt, wenn es Gottes Wille ist, dass diese Handlung stattfinden soll. Wenn es nicht Gottes Wille ist, dann findet die Handlung nicht statt. Das bedeutet, dass wir zwar glauben, unserem freien Willen entsprechend irgendeine Handlung auszuüben. In Wirklichkeit aber will das Bewusstsein (oder göttliche Quelle, Gott, das Absolute …), dass exakt diese Handlung ausgeführt wird, von der wir annehmen, es sei *unsere* Handlung, die unserer freien Willensäußerung folgt. Tausende Gedanken kommen nachweislich jeden Tag. Wo kommen sie her? Wir haben sie nicht unter unserer Kontrolle! Genau das ist der springende Punkt. Sie kommen von Gott (Bewusstsein, göttliche Quelle …). Daraus ergibt sich, dass das, was du tust, exakt das ist, was Gott will, dass du tust! Ja, Du setzt deinen freien Willen ein, dein ganzes Leben lang. Aber dieser freie Wille deckt sich exakt mit dem, was Gott will, dass passiert. Freier Wille hin oder her, es gibt keine Handlung, die nicht durch Gott vorher bestimmt ist." (DVD *Der kosmische Plan*)

Natürlich entscheidet Herr Franz Maier völlig frei, was er im nächsten Moment tut. Was aber ist mit den Konsequenzen, die dem Akt folgen, für den er sich frei entschieden hat? Kann Franz Maier auch frei bestimmen, was seiner ausgeübten Handlung folgt? Wir werden zugeben müssen – die Antwort ist nein! Herr Maier kann mit seinem vermeintlich freien Willen immer nur *seine* Handlung ausführen – ob aber dieser Handlung auch das Ergebnis folgt, das sich Franz Maier gewünscht hat, bleibt offen und ist nicht unter Maiers Kontrolle. Es kommt, wie es kommt. Daraus entsteht wieder eine neue Lebenssituation. Sie könnte Maiers Wunsch entsprechen, könnte aber auch genau die Folgen haben, die sich Maier überhaupt nicht gewünscht hat. Im letzteren Fall muss er – will er nicht unglücklich sein – wieder etwas unternehmen. Er muss wieder aktiv werden, muss wieder eine Handlung setzen, muss wieder seinen freien Willen benutzen, um seinen Wunsch, glücklich zu werden, erfüllt zu bekommen. Wieder unterliegt es aber nicht Maiers Kontrolle, ob seine neuerliche Aktion das bringt, was er sich gewünscht hat! Und das gilt für alle Menschen.

Tiere oder Pflanzen fristen da ein viel einfacheres Dasein. Da sie über keinerlei *freien Willen* verfügen, passieren die Dinge einfach, wie sie passieren. Fressen und gefressen werden. Tiere und Pflanzen nehmen alle Situationen, wie sie sind. Sie leiten daraus keinen Stolz, keine Schuld, keine Sünde, nichts Schlechtes und nichts Gutes ab. Alles ist einfach so, wie es ist. Der Löwe frisst die Gazelle. Auch wenn sie zu flüchten versucht – letztendlich landet sie im Schlund des Löwen. Das ist weder traurig noch lustig. Es ist einfach nur, was es ist! Ein Glied der natürlichen Nahrungskette. In der Tier- oder Pflanzenwelt funktioniert das, ohne dass Tiere oder Pflanzen sich ins „Ich bin“ involvieren. Niemand sagt: „Ich bin ein Adler und jetzt stürze ich mich auf die Maus“ oder „Ich bin eine Ulme und ich lasse jetzt meine Blätter fallen, denn es ist Herbst geworden!“

Die Involvierung macht den Unterschied, denn die Involvierung bedeutet das Inkrafttreten des Egos. Zum Unterschied von Tieren oder Pflanzen, die einfach nur *sind* und sich problemlos in den Lauf der Natur eingliedern, obliegt es ausschließlich der Spezies „homo sapiens“, sich in Dinge zu involvieren. Wenn man die Natur betrachtet und sich den homo sapiens mit seinem Verstand einmal wegdenkt, dann wäre alles Seligkeit. Alles wäre einfach nur so, wie es ist.

Zwar haben wir Menschen einen freien Willen, bei genauer Analyse allerdings müssen wir zugeben, dass wir über die Konsequenzen, die unseren freien Entscheidungen folgen, keine Kontrolle haben. Welchen Wert hat dann der freie Wille?

Wir glauben zwar, immer das zu tun, was wir gerade tun möchten, doch bei genauem Hinsehen werden wir feststellen, dass alles, was wir tun, vorher durch Gedanken zu uns gekommen ist. Diese Gedanken haben wir uns aber definitiv nicht selber ausgesucht. Dazu kommt noch, dass wir seit unserer Geburt durch äußere Einflüsse eine Prägung erfahren mussten, für die wir zum ersten nichts können und die uns zum zweiten gewisse Dinge tun lässt, von denen wir glauben, wir tun sie freien Willens. Das stimmt aber nicht. Genau genommen, müsste man sogar sagen: „Wir werden gelebt.“

Ein Beispiel: Ich bin ein überpünktlicher Mensch. Zu Terminen erscheine ich grundsätzlich schon einige Minuten früher. Ich habe das von meinem Vater übernommen, der es nicht ausstehen konnte, wenn jemand zu spät dran war. Ich kann gar nicht anders, denn müsste ich genau pünktlich da sein, würde ich mich unwohl fühlen. Einige Zeit zu warten, macht mir nichts aus. Das ist eine klassische Prägung, die ich mir nicht selbst ausgesucht habe. Für viele andere Menschen bedeutet meine Pünktlichkeit eine Qual! Wie oft habe ich versucht, unpünktlich zu sein oder das mit der Pünktlichkeit nicht so genau zu nehmen. Ich schaffe es nicht! Geprägt, konditioniert! Aus den verschiedensten Prägungen ergeben sich natürlich laufend Schwierigkeiten mit *den anderen.* Doch die anderen sind auch nur geprägt, wie wir selbst!

Wenn Gott will, dass jemand aufwachen soll, dann wird er aus dem Lebensschlaf erwachen, egal, wie viele Jahre er mit der Suche nach dem Erwachen auch verbracht hat, egal, was er alles investiert hat. Wenn Gott will, dass jemand ermordet wird, dann wird er ermordet werden. Punkt.

Das bedeutet aber nicht, dass wir sorglos mit unserem Leben umgehen sollen! Wenn jemand allerdings wirklich sorglos ist, dann will Gott, dass er sorglos ist. So funktioniert nun einmal das Spiel der göttlichen Quelle. Die Quelle macht uns glauben, dass wir freien Willens handeln und somit unser Leben bestimmen – in Wahrheit aber deckt sich unser Wille mit dem, was Gott will, dass wir wollen.

Haben wir nun also einen freien Willen oder nicht? Auf diese Grundfrage hat Ramesh Balsekar eine klare Antwort: „Beobachte, was in deinem Leben geschieht", rät er. „Kannst du etwa deinen nächsten Gedanken voraussagen und kontrollieren? Entscheidest du über den nächsten Atemzug? Hast du dich bewusst in die Welt gebracht und verlässt sie auch wieder, wann und wie du es willst? Worüber hast du wirklich Kontrolle?" (DVD *Der kosmische Plan*)

Das tiefe Verstehen, dass Dinge einfach geschehen, weil die göttliche Quelle dies so bestimmt, macht das Leben jedenfalls einfacher. Zu verstehen, dass es da keinen Akteur, keinen Handelnden gibt, klingt anfangs natürlich sehr schräg, bei genauer Betrachtung und vor allem nach mehrfacher Anwendung geht einem allerdings der Knopf auf.

Auf diesem Knopf steht: „Vereinfachung des Lebens". Das ist der bedeutendste Knopf, den man selbst drücken kann – und sei es anfangs auch nur ein erlernbares, intellektuell nachvollziehbares Programm, das dem Knopfdruck folgt, ein Konzept – das man freiwillig annimmt und das dann ohnehin seinen eigenen Verlauf nimmt. Dieses Annehmen führt sukzessive zu eigenen Erfahrungen, die dann immer tiefer hineinsickern und schließlich „drin bleiben", wenn es der göttlichen Vorsehung entspricht. Ich bezeichne dieses Annehmen und die daraus resultierende Veränderung als Quantensprung, weil es *mein Leben* drastisch (positiv) beeinflusst hat. Nach dieser „Umstellung", die mir zuteil wurde und für die ich tiefste Dankbarkeit empfinde, begann ein sehr einfaches Programm zu laufen, das zum einen das Leiden aus dem Leben nahm und zum zweiten persönliche Wünsche quasi auf Null reduzierte. Die Involvierung in all die Lebensumstände, die vielmehr Leid als Freude erzeugt, ist verschwunden. Wenn keine Involvierung mehr stattfindet, findet auch kein Leiden mehr statt. Man kann es drehen und wenden, wie man will, die Befreiung der emotionalen Verhaftung von allen Lebenssituationen, mögen sie sich noch so leidvoll oder lustvoll anfühlen, schenkt uns ein neues Leben. Eines, das viel einfacher ist als vorher, hervorgerufen durch die Nicht-Involvierung in Situationen, in welcher Verpackung auch immer sie daherkommen mögen. Sie kommen ja ohnehin, wie sie kommen sollen, der Ablauf ist bereits bestimmt, der gesamte Film ist bereits im Kasten!

Ob der Partner nach dem Streit und der folgenden Trennung nun zurückkommt oder nicht, ob man im Beruf erfolgreich ist, ob man den ersehnten Karrieresprung macht, ob einen die ersehnte neue Flamme erhören wird, ob die Aktienkurse wohl wieder steigen werden – alle Szenen des Films sind bereits abgedreht. Wenn jemand pleite gehen soll, dann geht er pleite – ob mit zehn Euro oder mit hundert Millionen! Der gesamte Film ist bereits abgedreht. Unsere Rolle ist bereits im Kasten. Bestimmt!

Das soll jetzt aber nicht falsch ausgelegt werden. Das bedeutet nicht, dass wir nun morgens länger im Bett bleiben sollen, weil unser Erscheinen am Arbeitsplatz ab nun unerheblich ist. Das bedeutet, dass wir weiterhin unsere Entscheidungen individuell treffen werden und auch sollen – denn ohne all diese Entscheidungen gäbe es gar kein Leben. Das bedeutet also auch, ganz normal weiterzuleben, jedoch mit einem gravierenden Unterschied: Jetzt wissen wir, dass der Film abgedreht ist. Wenn also der Partner wirklich nicht mehr zurückkommt, weil jemand anderes attraktiver zu sein scheint, dann entspricht dieser Teil des Films genau der „Inszenierung" durch die göttliche Regie. Das bedeutet nicht, dass wir nicht alles dran setzen können, den Partner wieder zurückzugewinnen – aber wenn man schon mit vollem persönlichem Einsatz alle Kraftanstrengungen vornimmt, um scheinbar wieder *glücklich* sein zu können, dann ist auch dieser anstrengende Vorgang Teil der vorbestimmten Inszenierung. Auch der Ausgang des persönlichen Dramas ist natürlich bestimmt. Die Konsequenzen des persönlichen Einsatzes liegen schließlich nicht unter unserer Kontrolle. Genau das ist der springende Punkt. Man kann tun oder lassen, was immer man will – was danach kommt, liegt nicht in unserer Macht, nicht unter unserer Kontrolle!

Also: Nicht involviert zu sein in Abläufe, die sowieso geschehen, weil der Film bereits im Kasten ist, macht unser Leben wesentlich unkomplizierter. Das liest sich sehr einfach, ist es aber nicht. „Ist eh alles egal", ist nicht die richtige Reaktion. Sich auszuliefern, weil ohnehin alles so kommt, wie es kommt, aber auch nicht.

So weiterzuleben wie bisher – also weiterhin situationsgemäß Entscheidungen zu treffen, als würde man über einen freien Willen verfügen – das ist die beste Variante.

Nur: Jetzt wissen wir, dass die Konsequenzen, die nach unseren Entscheidungen auf uns zukommen, nicht unter unserer Kontrolle liegen. Das innerlich zu verstehen, bedeutet, zwar nach wie vor Entscheidungen zu treffen, den jeweiligen Ausgang und die Folgen jedoch der göttlichen Quelle zu überlassen. Danach werden wieder Entscheidungen zu treffen sein, doch die Quelle bestimmt auch die neuerlichen Konsequenzen.

Einfach zu tun, was zu tun ist und zur Kenntnis zu nehmen, dass die göttliche Quelle uns genau das tun lässt, was wir glauben, *selbst* tun zu wollen oder zu können oder gar zu müssen – das ist meine Schlussfolgerung. Wenn jemand morgens wirklich im Bett bleiben und nicht zur Arbeit erscheinen will, dann ist diese kleine Sequenz des Films natürlich auch schon abgedreht – und die unvorhersehbaren Konsequenzen auch!

Natürlich sollte jeder Mensch bestrebt sein, in seinem Leben das zu tun, was er am besten kann und was ihm am meisten Freude bereitet. Könnten die Menschen dabei ihre körperlich-geistig individuellen Eigenschaften wie Stolz, Schuld, Hass und Neid aus dem Spiel lassen und aufhören, sich selbst und anderen für sogenannte „Taten" die Schuld zu geben, wir hätten auf diesem Planeten ein viel friedlicheres Miteinander.

Alles, jede einzelne Sekunde jedes Wesens zu jeder Zeit und an jedem Ort ist bestimmt. Ramana Maharshi erläuterte diese Wahrheit einmal in einer Begegnung mit einer älteren Dame in einem Satsang. Die Frau legte, als sie vor Ramana saß, einen Fächer vor sich auf den Boden. Daraufhin fragte sie: „Meister, wenn jede kleinste Aktion jedes Wesens vorherbestimmt ist, war es dann auch vorherbestimmt, dass ich genau zu diesem Zeitpunkt den Fächer auf den Boden lege?" Und Ramana antwortete: „Ja, genau so ist es."

Hat irgendjemand wirklich je geglaubt, dass dieses „Alles ist Bewusstsein“, diese göttliche Quelle, kleiner sein könnte als etwas, was wir Menschen mit unserem Gehirn erfassen können und selbst zu bestimmen glauben?

Das gravierende Missverständnis ist, dass wir uns durch unser Ego selbst zum Subjekt machen, das alles bestimmen und kontrollieren möchte und somit alles andere zu einem Objekt degradiert! Sogar Gott machen wir zum Objekt! Wir versuchen, Gott dorthin zu bestimmen, wo wir ihn haben möchten! Jede religiöse Strömung versucht das auf ihre Art und Weise. Das ist völlig absurd! Mir erscheinen menschliche Objekte, die vorgeben, über Gott Bescheid zu wissen, äußerst suspekt. Alle Körper-Geist-Figuren können im Vergleich zu Gott, den ich hier einmal als *oberstes Subjekt* bezeichnen möchte, wohl nur Objekte sein, sonst wäre *Gott* ja grotesk! Gottsein bedeutet ja wohl alles zu sein – und zwar alles, was wir uns mit unserem begrenzten Verstand vorstellen können, aber auch alles, was wir uns nicht vorstellen können. Wäre es nicht so, dann würde sich das Gottsein ja nur in einem menschlichen Wesen verstanden wissen! So maßen sich viele menschliche Objekte an, über das oberste Subjekt Bescheid zu wissen und quasi über ihm zu stehen. Das heißt auf Deutsch, ein Objekt ernennt sich selbst zum (Pseudo-)Subjekt und befindet nun über das oberste Subjekt (Gott), macht dieses aber gleichzeitig zum Objekt. Welch eine gewagte Umkehrung! Absurd! Wie sollte je ein Objekt über das oberste Subjekt Bescheid wissen? Wie sollte ein Objekt je Gott begreifen?

Warum sollte Gott nicht einfach tun, was er tut? Wenn wir uns nur vor Augen führen, dass wir uns weder die Geburt noch unseren Tod ausgesucht haben, wer ist es dann, der sich da zum Subjekt macht? Unsere Eltern haben uns zwar produziert, doch auch sie haben sich nicht aussuchen können, wer da heranwachsen wird, und schließlich ist ihnen selbst genau das Gleiche widerfahren.

Alles ist als in Bewegung geratenes Bewusstsein – in millionenfacher Manifestierung – von der göttlichen Quelle bestimmt und kommt, wie es kommen soll! Wenn beispielsweise ein Skirennläufer einen Riesentorlauf mit zwei Hundertstel Sekunden Vorsprung auf den Zweiten gewinnt, dann wird von allen Sportinteressierten, von Skirennläufern, Trainern, Journalisten genauestens analysiert, warum diese geringe Zeitspanne ausschlaggebend war für Sieg und Niederlage. Glaubt wirklich jemand, dass ein Rennläufer mit diesen zwei Hundertstel Sekunden der göttlichen Fügung ein Schnippchen geschlagen hat? Für die vom Skisport zurückgetretene Körper-Geist-Figur namens Hermann Maier machten Hundertstelsekunden über viele erfolgreiche Jahre den Unterschied aus, denn Hermann war genau deswegen Hermann! Schließlich hat er mehr als fünfzig Weltcuprennen gewonnen. Bei ganz genauem Hinsehen würde man erkennen, dass es Hermann Maier bestimmt war, alle anderen Rennläufer über längere Zeit auf Distanz zu halten, oder meint jemand, dass Didier Cuche oder Body Miller weniger oder schlechter als Hermann trainiert hätten?

Warum wohl haben alle Seriensieger immer die gleiche Antwort auf die berühmte Journalistenfrage, warum einer zum Seriensieger wird? Die Antwort „Wenn es läuft, dann läuft es" ist in Wirklichkeit viel weiser, als man zunächst annehmen würde. Es ist den Seriensiegern selbst einfach unerklärbar. Sie wissen selbst nicht, was plötzlich anders ist als vorher. Sie machen nicht wirklich etwas anders und trotzdem läuft es plötzlich in Serie. Diese Antwort weist ja darauf hin, dass es keine rationale Erklärung gibt. Da kommt etwas von woanders her. Von außen, von innen, egal von wo. Plötzlich ist es da. Diese sehr oft strapazierte Antwort erinnert an die Aussage von Albert Einstein, der – wie schon erwähnt – sagte, dass nicht *er* die Formel der

Relativitätstheorie gefunden habe, nein, vielmehr sei sie *von außen* gekommen.

Göttliche Energie kann nicht durch uns Objekte gesteuert werden. Sie kann nicht ausgebremst werden, auch nicht durch noch mehr Aktion, durch noch mehr Tun, durch noch mehr Training, durch noch „ausgefuchstere" Übungseinheiten. Versuchten nicht ohnehin alle in diesen Jahren, schneller zu sein als Hermann Maier? Sie konnten alles dafür tun, mehr und länger und besser trainieren als er, sie konnten sich alles vornehmen. Nur eines konnten sie nicht: Die Konsequenzen des Mehraufwandes in allen nur erdenklichen und ausgeschöpften Möglichkeiten kontrollieren. Die göttliche Quelle hat den Sieger für die folgenden Rennen schon bestimmt. Der Film ist im Kasten!

Ein anderes Beispiel für den Versuch menschlicher „Verrückung" der unverrückbaren göttlichen Absolutheit ist das Aufstellen von Atomkraftwerken auf dem Planeten Erde. Von Menschenhand gebaut und vom winzigen Menschenverstand als völlig sicher bezeichnet, bedrohen sie unseren Planeten und damit unser Leben. Welcher Mensch hat je ein Erdbeben oder einen Tsunami aufgehalten oder verhindert? In Beton gegossene Spinnereien von selbsternannten Göttern in Menschengestalt zerbröseln in tausende strahlende Stücke, wenn es der göttlichen Bewegung gerade entspricht und sie unseren winzigen Planeten nur ein klein wenig zum Beben bringt. Welchen Platz nimmt die menschliche Intelligenz da noch ein? Die absolute Wahrheit ist also nicht im Verstehen aller Phänomene und in der sensationellen Entwicklung der Menschheit zu suchen („Wir sind ja so schlau"), nein, diese absolute Wahrheit liegt vielmehr im Annehmen der göttlichen Bewegung. Wer diese absolute Wahrheit einmal verinnerlicht hat, dem gehen nie wieder in diesem Leben irgendwo zwei Hundertstel Sekunden ab und der würde auch kein Atomkraftwerk bauen!

In Gesprächen auf der DVD „Das kosmische Geheimnis“ sagt Ramesh Balsekar, wie schon beschrieben, dass jeder Mensch über einen freien Willen verfüge. Jeder kann sich aussuchen, was er als nächstes tun möchte. Doch der Schein trügt! Wenn man sich besinnt, dass jeder Aktion, in der man glaubt, seinen freien Willen auszuführen, ein Gedanke zuvorkommt, der einen überhaupt erst zur Tat schreiten lässt, dann muss man sich konsequenterweise auch fragen: Wo kam dieser Gedanke her? Über den Gedanken hatte man nämlich keine Kontrolle!

Die Gehirnforschung bestätigt mittlerweile, dass ein Gedanke bereits existiert, bevor er vom Verstand als *mein Gedanke* erkannt werde, und zwar etwa eine halbe Sekunde vorher. Der eigentliche Impuls komme also aus einer *unpersönlichen* Quelle. Der Organismus setze ihn in Handlung um, und das Ego behauptet dann: „Ich habe das gedacht und getan!“ Immerhin, auch diese Annahme gehört zum Gesamtprogramm. Gott habe das Ego erschaffen, und nur er könne es auflösen. Solange das nicht geschieht, sollten wir uns verhalten wie bisher: als hätten wir einen freien Willen.

Frage: „Dann kann ich die Suche gar nicht selbst beenden?“ Darauf meint Ramesh Balsekar: „Genau. Warst du es denn, der sie begonnen hat? Alle Lebewesen sind auf der Suche. Sie sind so programmiert. Warum die einen Geld oder Macht suchen und die anderen Gott, das wissen wir nicht. Als erschaffene Objekte können wir nicht den Willen des erschaffenen Subjekts ergründen.“ (DVD *Der kosmische Plan*)

Prägung und Programmierung

Jeder Mensch ist seit seiner Zeugung „hineinbestimmt" in den Lauf der Dinge, die auf ihn zukommen oder an ihm vorbeigehen. Weder konnte er sich den Zeitpunkt noch den Ort der Geburt aussuchen, noch kann er sich gegen die genetischen Strukturen seiner Eltern wehren. Je nach geografischer, ethischer, religiöser, intellektueller Umgebung wird jedes Leben seinen eigenen Lauf nehmen. Das sind individuelle Koordinaten. So entstanden genetische Reihen, in denen viele Charaktereigenschaften gebündelt sind, die unterschiedlicher nicht sein könnten. Daraus resultieren verschiedenste Entwicklungen, Verhaltensweisen, Gewohnheiten und letztlich Lebenssituationen. Durch diese Konditionierungen werden wir mit Dingen im Leben konfrontiert werden, die für andere Menschen keinerlei Gültigkeit haben. Der genetische Stempel trägt auch das Ablaufdatum. Dieser Bestimmung kann niemand entkommen. Die „Vorgaben" für menschliche Wesen prägen aus jedem von uns ein Individuum – unter den sieben Milliarden Menschen auf diesem Planeten gibt es jedes Individuum nur ein einziges Mal! Sogar jeden Fingerabdruck gibt es nur einmal.

Ein Fön, eine Kaffeemaschine, ein Rasierapparat – das sind programmierte Geräte oder Instrumente, durch die die Elektrizität funktioniert. Gäbe es diese Geräte nicht, wäre da nur Elektrizität!

Wir Menschen sind auch programmierte Instrumente, durch uns funktioniert Bewusstsein (Gott, Selbst). Ansonsten wäre da nur Bewusstsein!

„Ossis“ Programmierung

Das sogenannte „Urvertrauen“ überflutete mich im wahrsten Sinne des Wortes am Kärntner Ossiachersee. Es war der dritte Sommer seit meiner Geburt und es war heiß. So heiß, dass mein Vater, seines Zeichens Bürgermeister einer kleinen Stadt namens Feldkirchen in Kärnten, der Hitze im Strandbad wenigstens für kurze Zeit ein Schnippchen schlagen wollte. Meine Mutter und meine beiden Schwestern lagen auf der Liegewiese und meinten mich Dreikäsehoch wohl unter Kontrolle zu haben, worauf sich wohl auch mein Vater verließ, als er zum Sprungbrett ging und genüsslich in den See hechtete. Mit meiner kurzen Lederhose und meinem grünen Hut inklusive Feder eilte ich dem Vater nach – direttissima zum Sprungbrett und per Bauchfleck in den See. Bei so einem Ereignis haben dreijährige Nichtschwimmer in der Regel Überlebensprobleme. Als mein Vater wieder an Land kam und sich nach mir erkundigte, brach Chaos aus. Drei Frauen zitterten vor einem jähzornigen Mann und einer der vier in alle Richtungen ausgesendeten Blicke sah zu meinem Glück ein grünes, im See schwimmendes Hütchen mit Feder. Etwas tiefer darunter strampelte ich um mein Leben. Mein Vater kam gerade noch rechtzeitig und zog mich an einem Haarbüschel aus dem Wasser. Aus dieser Erfahrung *weiß* ich instinktiv bis heute, dass nicht passieren kann, was nicht passieren soll! Daraus entstand ein persönlich-körperliches Urvertrauen, das mich als Körper-Geist-Figur Ossi Huber über lange Strecken meines Lebens begleitete. Ich bezeichne das als ein erlebtes Beispiel für eine Prägung.

Vertrauen darf nicht mit Glauben verwechselt werden, denn es beruht tatsächlich auf Erfahrungen. Vertrauen ist etwas Persönliches. Glauben hingegen kommt aus der Gesellschaft und gründet sich auf scheinbar wahren Erzählungen, die manchmal über Jahrhunderte überliefert wurden. So haben sie in der Gesellschaft einen Status erreicht, den fast alle Menschen bereit sind, anzunehmen und auch weiter zu überliefern (so sind schließlich die verschiedenen Religionen entstanden). Übernommene „Wahrheiten“ von anderen – aus einer anderen Zeit. Ausgeliehen!

Leider lehrt man die Menschen, an religiöse Konzepte zu glauben, anstatt aus eigener Erfahrung um das Selbst zu *wissen*, das ist ein großer Irrtum der Menschheit!

Bereits in der Volksschule fand ich heraus, dass ich irgendwie *anders* war als die meisten meiner Schulfreunde. So kannte ich damals noch keine Angst vor Lehrern, vor dem Schulwart, dem Direktor oder vor Mitschülern. Und ich hatte von Anfang an das Bedürfnis, mich anders zu verhalten, mich anders zu kleiden – kurz gesagt: gegen den Strom zu schwimmen. Ein sehr individueller Weg! So kam ich zu eigenen Erfahrungen, die mich weiter prägten und konditionierten bis zum heutigen Tag.

Mit neun Jahren war ich zum ersten Mal verliebt. Mit elf nahmen mich meine Eltern aus meiner watteumhüllten Kinderwelt heraus und vertrauten mich – gutgläubig – den hoch gelobten Erziehern in einem Internat an. Und tatsächlich – mein Leben veränderte sich drastisch. Zucht und Ordnung, Fingerspuren zuschlagender „Erzieher“ in Kindergesichtern und sadistisch anmutende Erziehungsmaßnahmen begleiteten das tägliche Lernen für die Schule und fürs Leben. Ich lernte die Angst kennen.

Herr Heimleiter,
ich will mich nicht hintennach bei Ihnen beklagen, doch aus meiner Not der Internatszeit heraus möchte ich Ihnen diesen Brief schicken – zur nachträglichen Information sozusagen. Ich konnte nie wirklich mit jemanden darüber sprechen …

Es roch nach Karfiolsuppe hinter den dicken Mauern und schmutziggrüne Gitter an allen Fenstern umschlossen das von Ihnen streng geführte „Heim". Zahlreiche Kinderblicke huschten durch die düsteren, weißgrau getünchten Gänge – überwacht von künstlich Ruhe ausstrahlenden Eltern, die gerade im Begriff waren, das Beste für ihre Sprösslinge zu tun. Sie, Herr Adolf, standen da mit strenger Miene und viel zu großen Schuhen und begrüßten uns Zöglinge. Ihr weißer Mantel wirkte steril wie der eines Kinderarztes und hatte sicher noch nie einen Schmutzfleck abbekommen. Ihren strammen Oberkörper haben Sie sich wohl in einem Friedrich Jahn Turnverein antrainiert! Ich erinnere mich noch, dass Ihre schwarze, riesengroße Brille, über die hinaus Sie mich streng anblickten, mir großen Respekt einflößte und irgendwie machte sich zugleich ein undefinierbares Unbehagen breit. Ganz anders als in der Volksschule fühlte sich das plötzlich an! Von einer Frau mit gutmütigen Augen wurde mir eine Wäschenummer zugewiesen. Hausmutter wurde diese Frau genannt. Das einzige menschliche Wesen im Haus, wie sich später herausstellte! Ab nun war ich die Nummer 64. Meine Mutter nähte in all meine Wäschestücke die Nummer 64 ein.

In Ihrem Internat herrschten Zucht und Ordnung. Öfters passierte es, dass ein sadistischer Erzieher meinen gesamten Kleiderkasten leer fegte, weil ein Hemd nicht ganz genau der militärischen Linie im Fach entsprach und um vielleicht zwei Millimeter zwischen den anderen beiden Hemden herausragte. Die wiederholte Unordnung in verschiedenen Kleiderkästen konnte man an den Fingerspuren in den Gesichtern vieler Zöglinge erkennen. Das war also die Ordnung für Elfjährige! Ich teilte mein Los mit neunzehn anderen Leidensgenossen in einer Gruppe. Sechs Jahre lang wurden fast täglich Blechnäpfe mit mehligen Kartoffeln entlang unendlich langer Mittagstische weiter geschoben, bis alle ihren blassgelben Haufen am Teller hatten. Meistens durften wir eine undefinierbare braune Tunke drüberschütten. „Herr, wir danken Dir für Deine Gaben, die wir von Deiner Güte empfangen haben!“

Zwanzig kleine Menschen lagen nächtens im Schlafsaal in ihren Gitterbetten. Die Strafen für nicht erlaubte Nachtgespräche folgten auf den kahlen Gängen. Mit rechtwinkelig angezogenen Oberschenkeln und kerzengerade ausgestreckten Armen wurden die Schwätzer an die Wand gestellt. Das gesamte Bettzeug wurde nun über die Arme gelegt und musste da so lange gehalten werden, bis ein stechender Schmerz sie nach unten zwang. Trockenskikurs!

Der Tagesablauf nach „durchtrainierter“ Nacht war ernüchternd: Von 6.30 Uhr bis 7.30 Uhr Studierstunde, nach grauem Frühstückskaffee und einer Scheibe Schwarzbrot begann der Unterricht. Nach der mittäglichen Kartoffelabspeisung anderthalb Stunden Freizeit, anschließend bis 18.00 Uhr Studium mit einer halbstündigen Unterbrechung bei Milch und Schwarzbrot.

Das Schwätzen während der Studierstunden wurde natürlich geahndet. Mit einem etwa dreißig Zentimeter langen und schweren Schlüsselanhänger aus massivem Holz schlug eine aus Pietermaritzburg (Südafrika) stammende „Erzieherin“ auf fünf ängstlich zusammengepresste Kinderfinger. Blutunterlaufene Fingernägel erinnerten noch tage- oder wochenlang an die unerlaubte Störung. Da waren unkontrollierte Fußtritte oder Ohrfeigen in Schülergesichter oder sonst wohin noch die „begehrteren“ Strafen. Wussten Sie darüber Bescheid? Sie selbst traten ja nie mit Körperkraft in Erscheinung. Ich fürchte aber, dass sich kein Zögling jemals bei Ihnen beschwert hat. Und wenn, dann wurde wohl ihr weißer, unbefleckter Mantel des Schweigens über seine Meldung gebreitet. Damit haben Sie sich mit ins Boot der Täter gesetzt.

Quasi um dieser Zeit der gemeinsamen Entbehrungen und Züchtigungen noch die Krone aufzusetzen, entfernte ein homosexueller Erzieher vier Zöglinge aus dem benachbarten Schlafsaal. Ein kleines Vierbettzimmer bedeutete für vier blauäugige Buben das Grand Hotel. Das unbändige Begehren eines dicht behaarten und gierigen Männerkörpers schnitt schwere Wunden in die zarte Haut junger Knaben. Die unverantwortlich eingeforderte Zärtlichkeit hinterließ tiefe Spuren in naiven Kinderkörpern. Einer davon kann sich heute nicht mehr bewegen, weil er im Alter von siebenundzwanzig Jahren im einschlägigen Milieu für immer erstarrte. Andere Körper suchten später Linderung für all die zugefügten Wunden im Alkohol und so mancher ertrank darin. Sorgen jedoch – Sorgen können schwimmen!

Nach fünfeinhalb Jahren hinter diesen „ehrwürdigen" Mauern kam die Erlösung für mich in schmerzvoller Form. Meine geliebte Mutter ließ nach einem Gehirnschlag ihr Leben auf dem Korbsessel unserer alten, ungemütlichen Küche. Die zwei Hände, die mir die liebsten gewesen waren, würden mir nie wieder über meinen Kopf streichen. Als hätte sie ihr Leben für meine Befreiung eingesetzt! In der Nacht vorher war ihr Tod als Traum verkleidet zu mir unter die Decke gekrochen und hatte mir einen unruhigen Schlaf beschert. Als die Totengräber den Sarg der Erde gaben, hatte ich keine Tränen mehr und der vom Priester verbreitete Weihrauchduft beendete meine Jugend …

O.H.

P.S.: Ich hatte übrigens auch ein fürchterliches Erlebnis mit diesem homosexuellen Erzieher W. Die Nachwehen dieses Falls, die mich jahrzehntelang begleitet haben, muss und werde ich mit Herrn W. selbst betrachten und endlich zu einem Ende bringen. In diesem Brief an Sie hat diese Geschichte keinen Platz, Sie haben Ihre Geheimnisse ja ohnehin mit ins Grab genommen.

Herr Erzieher W.,
es ist sehr lange her, dass Sie mir eine schwere Verletzung zugefügt haben. Wenn sie nicht so schwer gewogen hätte über all die Jahrzehnte, glauben Sie mir, ich hätte mir diesen Brief gerne erspart. Doch ich bin nun beim Schreiben des Briefes sehr erleichtert, ein Felsen ist mir sozusagen vom Herzen gefallen, dass ich mich dazu aufgerafft habe.

Wir schrieben 1965 – das Jahr, in dem Paul McCartney „Yesterday“ sang, das Jahr, in dem Sie mir mein Herz aus dem Gesicht schlugen. Was heißt schlugen? Ihr rechter Hammer traf mich mitten im Gesicht, mein kleiner Körper flog regelrecht durch die Luft und krachte einige Meter weiter auf den kalten Steinboden.

Wenn ich jetzt an diesen Schlag denke, dann taucht zwar „Yesterday“ wieder auf – das hat aber überhaupt nichts mit Paul McCartney zu tun! Dieser Hammer hat mein Leben verändert – das konnte ich damals doch nicht wissen!

Es war das Jahr, in dem ich mit meiner Gruppe – extern – in die Kaserne in Lienz übersiedeln musste, aus Platzgründen. Sie waren der Erzieher der vierten Gruppe, die neben unserer dritten Gruppe auch in der Kaserne untergebracht war. Gott sei Dank dauerte die Kasernierung nur ein Jahr. Es war ein kaltes Jahr – im wahrsten Sinn des Wortes. Es war ein kalter Winter. Es gab keine wirkliche Heizung – nur kleine Ölöfen wärmten unsere Körper wenigstens in den Studierzimmern. In den Schlafräumen gab es überhaupt keine Heizung und im Sanitärbereich rann nur für kurze Momente lauwarmes Wasser aus den nackten Armaturen. Die Zähne kamen immer zum Schluss dran, weil sie das eiskalte Wasser am ehesten vertragen konnten. Der Duschraum war gespenstisch, wenn Sie verstehen, was ich meine.

Das Haus war sonst leer, nur im ersten Stock waren unsere beiden Gruppen untergebracht. Der Gang war elend lang und nackt. Weiße Wände hoben sich vom hellgrauen Steinboden nur wenig ab.

Ich war an diesem Tag sehr gut aufgelegt, wohl weil mir meine Mutter ein Esspaket geschickt hatte. Zusatzkost. Das war reinster Luxus damals. Wir tollten ausgelassen am Gang herum, es war Studierpause und schon recht düster. Wir von der dritten Gruppe hatten uns mit den Kindern aus Ihrer Gruppe vermischt. Ich hatte mit einigen Zöglingen aus Ihrer Gruppe sehr guten Kontakt, saßen wir doch im Gymnasium in der gleichen Klasse. 2 a.

Mit Robert und Peter (Namen geändert) jagten wir ausgelassen einem kleinen Fußball nach, als Ihre gefürchtete Figur schemenhaft aus dem Stiegenhaus heraus den Gang betrat. Ihr krummer Rücken steuerte bedrohlich auf uns zu, Ihre behaarten Arme hingen herunter wie die eines Gorillas. „Banane" nannte man Sie. Die gefürchtete Banane! Sie brüllten irgendetwas und ich machte den schweren Fehler, lachen zu müssen. Ab und zu muss man lachen – just in dem Moment, in dem es sehr unangebracht, eigentlich verboten ist! Kennen Sie das auch? Nun, Ihre beiden Schützlinge ließen Sie ungeschoren im Gang stehen. Ihr schwerer Hammer traf mich völlig unvorbereitet und schleuderte mich förmlich durch die Luft. Gott, war das ein Hieb! Blutend und völlig benommen blieb ich einige Zeit am kalten Boden liegen. Bewusstlos. Niemand half mir zunächst, zu groß war die Angst vor Ihnen.

Nach einigen Minuten schaffte ich es bis zum Waschraum und wusch mir mit dem kalten Wasser das Blut aus dem Gesicht. Die Schwellung war natürlich tagelang zu sehen. Still und unauffällig kroch ich zurück in meinen Gruppenraum. Über diesen Vorgang wurde nie mehr gesprochen!

Ich habe diesen Schlag nicht verdaut und ihn jahrzehntelang hinter meiner Fassade versteckt. Erst jetzt kann ich ihn abwehren, auch wenn ich Ihnen keinen Gegenschlag mehr versetzen kann – ich hätte auch gar keine Lust mehr dazu!

Ich glaube nicht, dass Sie jemals wussten, was Sie taten! Ich kann mir auch nicht vorstellen, dass Sie ihr kurzes Erzieher-Leben jemals überdacht haben.

Ihre zwei Schützlinge – das habe ich erst später mitbekommen – waren genau die zwei Jungs, an denen Sie sich kurz später sexuell vergangen haben. Gott sei Dank ist wenigstens dieser Kelch an mir vorüber gegangen! Einer der beiden brachte den Mut auf, seinen Eltern von Ihren unerlaubten Übergriffen zu berichten. Das war ein Eklat damals! Obwohl die Heimleitung versuchte, die grausigen Vorfälle unter den Teppich zu kehren, sickerte es durch. Sie wurden schließlich verhaftet und sogar ins Gefängnis gesteckt. Einer ihrer beiden Schützlinge hat diese Geschichte leider viel zu früh mit ins Grab nehmen müssen.

Stellvertretend für den zweiten melden sich jetzt gerade täglich viele, denen Ähnliches widerfahren ist. Sie haben eine Strafe verbüßt – haben Sie das wirklich?

Ich habe mir meine erlittenen Schmerzen von der Seele geschrieben – das lindert. Vielen anderen muss es viel schlimmer ergangen sein, ich wünsche all denen, dass sie ihren Schmerz losgeworden sind …

Yesterday – all my troubles seemed so far away …

Ohne Gruß

Alleinsein

Meine „Andersartigkeit“ hatte sich in der Internatszeit noch verstärkt. Mein Schwimmen gegen den Strom brachte mir Strafen vieler Art ein. Der Kreativität mancher Erzieher im Erfinden diverser Bestrafungsformen hatte ich nichts entgegenzusetzen – außer dem unbändigen Wissen, dass nichts, aber schon gar nichts passieren kann und wird. Dieses Vertrauen war immer da und relativierte die Angst, die natürlich öfter aufkam. Sie kam, wenn der erwähnte Erzieher wieder auftauchte und ich Angst vor einem weiteren Hammer hatte. Sie kam, wenn wir nächtens beim Schwätzen erwischt wurden und nicht wussten, welche Strafe uns heute Nacht erwartete. Sie begleitete mich durch die unendlich langen Mathematikstunden und -schularbeiten, die mich als völlig untalentiert aufdeckten.

Ein Traum über den Tod meiner Mutter, der am nächsten Tag tatsächlich eintrat, öffnete mir eine Tür zu einer *anderen* Realität, die ich bis zu diesem Zeitpunkt nicht gekannt hatte. Erstmals war ich wirklich mit dem Tod konfrontiert. Mit dem überraschenden Ableben meiner geliebten Mutter ist auch ein Teil meiner eigenen Persönlichkeit gestorben. Wenn ich heute eine Totenglocke höre, dann frage ich mich nicht, wer denn gestorben sein könnte, nein, ich spüre, dass wir alle sterben, dass wieder ein Teil von uns gegangen ist. Erstmals erahnte ich damals unsere Endlichkeit, erstmals spürte ich, dass es da irgendetwas geben muss, das über das Eintreten der normalen Lebensumstände hinausgeht. Es war gleichzeitig undefinierbar und doch ganz vertraut. Und ich war nach dem Tod meiner Mutter sehr allein …

Das Alleinsein entwickelte sich von diesem Zeitpunkt an als eine sehr wichtige Komponente in meinem Leben. Zuerst war ich irritiert, zu sehr schmerzte der Verlust eines geliebten Menschen, doch ziemlich bald erkannte ich ganz spezielle Qualitäten des Verlierens, des von außen erzwungenen Verlustes. Zuerst suchte ich noch in der Gesellschaft Trost, doch bald fand ich heraus, dass ich ganz gern allein war, dass es mich stärker machte und dass ich mich dabei niemals einsam fühlte. Schließlich lernte ich das Alleinsein und die Stille zu lieben, auch wenn das meinen vielen Freunden und Bekannten nicht aufgefallen sein dürfte. Selbst wenn ich mich oft in den Mittelpunkt stellte, genoss ich immer die anschließende Stille und das Sein mit mir allein. Heute weiß ich, dass die meisten Menschen kaum allein sein können, und glaube, dass genau durch die Absenz des Alleinseins ihr Blick zum Wesentlichen erheblich beeinträchtigt ist. Der frühe Tod meiner Mutter hat mir die Augen geöffnet. Wir alle werden allein geboren und müssen allein sterben. Und selbst wenn wir uns zeit Lebens mit geliebten Menschen, mit einem Lebenspartner, mit Freunden umgeben, sind wir im Grunde genommen allein. Umgekehrt ergeht es den Lebenspartnern, den Freunden und anderen Menschen ganz gleich. Auch sie sind allein. Das ist eine Gegebenheit, selbst wenn man sich einbildet, den anderen zu kennen – schließlich hat man schon dreißig Jahre oder noch mehr Seite an Seite verbracht. Niemand kennt dich, nicht einmal du selbst! Die meisten haben Angst vor dem Alleinsein und gehen nach außen, um diese Angst zu überbrücken. Im Endeffekt können wir aber kein einziges Problem auf andere abwälzen. Wir können es verdrängen oder mit anderen kommunizieren. Am Ende des Tages aber wird jeder draufkommen, dass er all seine Probleme doch selber lösen muss. Sobald man sich furchtlos tiefer ins Alleinsein begeben kann, wird man feststellen, wie wunderbar es dort in Wirklichkeit ist. Ich habe diese Erfahrung durch das Ableben meiner Mutter schon früh gemacht – sie lässt sich mit nichts vergleichen!

Früher bin ich den Ratschlägen anderer gefolgt, bis ich festgestellt habe, dass sich alle im Kreis drehen und dass es nur eine einzige Lösung gibt, die der Wahrheit entspricht: Es ist die Lösung, die ich für mich allein finde. Sie ist auf mich anwendbar und aller Wahrscheinlichkeit nach auf niemanden sonst. Ich habe für mich herausgefunden, dass es nicht ziel führend ist, anderen zu folgen oder davon auszugehen, dass mir gut tut, was anderen gut getan hat. Das ist das Spiel von Führern und Anhängern. Ich habe dieses Spiel schon vor etlichen Jahren aufgegeben und bin heute weder Anhänger noch Anführer. Und das betrifft alle Lebenssituationen und geht bis zum selbstständigen Verständnis von Gott.

Sei einfach du selber, dann weißt du, dass Alleinsein unsere Realität ist!

„Alleinsein ist keine Isolation, es ist nicht das Gegenteil von Einsamkeit, es ist ein Seinszustand, wenn alle Erfahrung, alles Wissen ein Ende haben."

Krishnamurti (*Über die Liebe*)

„All unser Übel kommt daher, weil wir nicht allein sein können."

Arthur Schopenhauer (Quelle: *Aphorismen zur Lebensweisheit*)

Ashwem Beach, Mandrem, Goa

Liebe Mutti,

als Du im März 1971 Abschied nahmst von mir, da hatte ich Deinen Tod schon eine Nacht vorher geträumt. Ich war noch nicht einmal siebzehn, doch als mir mein Cousin Franz die traurige Nachricht am nächsten Tag in die Garderobe in die Schule nach Lienz brachte, nahm ich sie ziemlich gefasst auf. Ein innerer Kurzfilm lief ab: Als ich Dich zum letzten Mal sah, hattest Du mich gebeten, im Keller Gemüse zu holen und ich hatte mich geweigert. Du bist schließlich selbst in den Keller des angebauten Holzhüttengebäudes gegangen und prompt über die steile Steinstiege gestolpert. Deine Stirn und auch der linke Arm hatten geblutet und Du musstest danach einen Verband am Arm tragen. Auch eine leichte Gehirnerschütterung hattest Du Dir zugezogen.

Ich habe mir deswegen große Vorwürfe gemacht. Erst kürzlich sind diese Vorwürfe noch einmal aufgetaucht. Ich hätte zum Abschied so gerne ein Lächeln von Dir geschenkt bekommen. Doch Du bist ohne Lächeln gegangen und hast mich zurückgelassen. Es gab keine Versöhnung.

Doch ich habe mich im Laufe der Jahre auch manchmal gefragt, wie Du es zulassen konntest, dass ich damals, mit elf, so weit weg musste, nach Lienz ins Internat. Wie ist es wohl Dir dabei ergangen? Ich saß todunglücklich da und sehnte mich so nach meinem Zuhause, die ganzen Jahre! War mein Vater so ein Despot, dass Du nichts dagegen einbringen durftest? Oder hattest Du Angst?

Ich habe heute den Eindruck als hätte ich die Tränen über Deinen Tod über all die Jahre hinuntergeschluckt. Erst kürzlich kam die wirkliche Befreiung. Ich hatte mir in einer nächtlichen Meditation eine Stunde lang im Spiegel in die Augen geschaut. Im Traum danach warst Du mir so nah wie damals!

Ich sah den Ausguss vor unserem alten Haus, konnte ihn förmlich riechen, und Du standst da und leertest gerade einen Kübel mit Wasser aus. Ich trat zu Dir und hielt Dich ganz innig fest. Der Kübel war plötzlich nicht mehr da und auch nicht der Ausguss, sondern nur Du und ich und ich sagte andauernd „Muttilein". Dabei fing ich an zu weinen, wachte davon auf und weinte noch lange weiter. Es war ein befreiendes, warmes Weinen. Die Tränen rannen wie ein wärmender Strom das Gesicht hinunter – begleitet von Deinem Lächeln.

Danach war es sehr still im Schlafzimmer und ich wusste, dass dieses schöne Lächeln immer durch mich strömen wird …

Hab Dich ganz dick lieb!
Oskar

Genetischer Ursprung und örtliche, zeitliche Konditionierung

Genetischer Code

Die Bescheidenheit meiner Mutter, ihr liebevoller Umgang mit allen Wesen, ihre Verlässlichkeit, ihr feiner Humor, ihre natürliche Akzeptanz der Tatsache, dass wir in diesen Zeiten nur wenig hatten – sie selbst am allerwenigsten, weil sie immer alle anderen vor sich stellte –, all das trage ich heute ganz tief in meinem Herzen. All diese persönlichen Eigenschaften meiner Mutter sind Teil meines persönlichen genetischen Codes. Selbstverständlich kommen auch noch jene meines Vaters und die der Vorfahren meiner Eltern dazu. Daher möchte ich in den folgenden Zeilen einiges über meine Eltern und meine Herkunft sagen. Darin liegt schließlich der genetische Ursprung und die Konditionierung der Körper-Geist-Figur Ossi Huber begründet. Wenn ich heute an meine Mutter denke, dann sehe ich, dass sie ein leuchtendes Wesen gewesen ist. Ihre Güte, ihr Vertrauen in die göttliche Quelle – auch in schlechten Zeiten –, ihre alles umfassende Liebe, für die sie alle Menschen in meiner Heimatstadt in ihr Herz geschlossen hatten, erklären dieses Leuchten. Ihre Liebe war so echt! Oft frage ich mich, ob meine Liebe jemals so echt sein kann.

Niemals war etwas „schlecht“, niemals beklagte sie sich, nie sprach sie über andere hinter deren Rücken, immer war sie zufrieden mit dem, was sie hatte, mit dem, was war. Ich weiß nicht wirklich, ob sie selbst Frieden hatte, aber sie beschenkte damit jedes Wesen, das irgendwann ihren Weg kreuzte. Sie kannte keinen Stolz, keinen Neid, keinen Hass. Es gab keine Schuld, die sie jemals irgendjemandem für irgendetwas umgehängt hätte.

Wir wohnten in einem alten Haus, 36 Meter lang und 6 Meter breit – einen Kellerteil gab es nur in einem Zubau direkt unter der Waschküche, daran reihten sich noch drei

Holzhütten und eine Garage. Unsere Wohnung lag im ersten Stock und umfasste einen Raum, der als Küche, Wohn- und Badezimmer zugleich diente. Die Einrichtung bestand aus einem Herd, einem Tisch mit vier Stühlen, einer alten Couch, einer kleinen Anrichte, auf der ein kleines Minerva Taschenradio stand, einem Waschbecken – nur Kaltwasser. Ein winziger Lagerraum für Lebensmittel, Toilette im Stiegenhaus. Angrenzend an das beschriebene Zimmer gab es noch ein Schlafzimmer, in dem meine Eltern in ihrem Ehebett schliefen. Am Fuß des Bettes stand ein langes Sofa – meine Schlafstätte. Davor ein großer Kleiderschrank, ein Bücherregal. Dahinter lag noch ein Zimmer, das wir jedoch nicht benutzen durften – komplizierte Erbschaftsfolge! Das Zimmer gehörte meiner Tante, die seit vielen Jahren in Wien lebte und ihre „Heiligtümer" in eben diesem verbotenen Raum aufbewahrte. Ich kann mich an diese Wohnsituation bestens erinnern.

Die allerersten Jahre meiner Kindheit verbrachten wir allerdings zusammen mit meinen beiden Schwestern in einer kleinen Wohnung im Dachgeschoß des gleichen Hauses. Diese Wohnung war zwar auch sehr klein, verfügte jedoch über ein kleines Bad und ein winziges Wohnzimmer. Meine beiden Schwestern teilten sich ein noch winzigeres Zimmer, in dem gerade zwei Betten Platz fanden. Auch hier stand mein Bett im Schlafzimmer der Eltern.

Ein Jahr vor ihrem frühen Tod zogen wir mit meiner Mutter noch einmal um und verbesserten unsere Wohnsituation erheblich. Andere Untermieter waren aus ihren Wohnungen herausgestorben und so verbrachte meine Mutter ihr letztes Lebensjahr in zwei recht großzügigen Wohneinheiten im gleichen Haus. Für uns bedeutete dieser Umzug „Luxus pur". Leider konnte meine Mutter diesen Luxus nur für ganz kurze Zeit erleben.

Aus der beschriebenen Wohnqualität heraus ergab es sich natürlich, dass eher selten jemand zu Besuch kam.

Mein Vater war, wie schon erwähnt, Bürgermeister der Stadt und in seiner Funktion sehr begabt und beliebt. Ich kann mich noch sehr gut daran erinnern, dass all meine gleichaltrigen Freunde glaubten, dass wir eine reiche Familie seien. Die Assoziation „Bürgermeister = wohlhabend" war weit verbreitet. Nur Insider wussten, wie es wirklich war. Mein Vater ging mit dieser Situation aber sehr natürlich um. Abgesehen davon, dass damals auch andere Familien nicht viel mehr hatten, nahm er die Dinge einfach so, wie sie daherkamen. Mangel war nie ein Thema. Außerdem gab es bestimmt Menschen, denen es viel schlechter erging. Mein Vater besaß nichts und musste auch nichts Großartiges werden – gewissermaßen war er schon er selbst! Von dieser Eigenart muss wohl auch ein Teil auf mich übergesprungen sein. Diese persönlichen Eigenheiten meiner Eltern trage ich als genetischen Code in mir, deshalb bin ich so, wie *nur* ich bin.

Heute weiß ich, dass ich tun kann, was immer ich auch will, ich komme aus meiner genetischen Haut nicht heraus. Folglich kann ich auf die mir entgegenkommenden Lebenssituationen immer nur so reagieren, wie es mein genetischer Code zulässt. Es kann einfach nicht anders sein!

Durch das intensive Wassererlebnis, das ich mit drei Jahren hatte, ist wohl ein gewisses Urvertrauen in mein Ich hineingewachsen und so zu einem Teil meines genetischen Codes geworden. Irgendjemand würde mich schon herausziehen aus den Fluten – und wenn nicht? Kinder denken nicht voraus und schon gar nicht an den Tod! Sie befinden sich im Jetzt.

Ein Teil der Bescheidenheit, die meine Mutter zu etwas so Besonderem gemacht hat, mag wohl auch in meine Wiege gelegt worden sein. Der größere Teil davon aber ist weitergesprungen auf meine Tochter.

Auch wenn meine Familie nicht viel besaß, erinnere ich mich an eine sehr schöne und behütete Kindheit. Ich hatte viele Freunde in der unmittelbaren Nachbarschaft und wir unternahmen ungemein viel. Durch den Mangel an Spielzeug waren wir sehr erfinderisch und konnten uns mit einfachstem Spielbehelf wunderbar unterhalten. Wir schubsten Glaskugeln in Löcher am Erdboden und bliesen selbstgefertigte Seifenblasen in die Luft. Wir spielten „Räuber und Gendarm", „Versteinern" oder versteckten uns voreinander. Unsere Tretroller mussten bald dem ersten Fahrrad weichen, betuchtere Familien kauften ihren Sprösslingen solche mit 3-Ganggetriebe. Ich fühlte mich von den vielen Kindern akzeptiert und bin mir heute bewusst, dass meine Kindheit und Jugendzeit als Glück oder als großes Privileg zu sehen ist.

So ergab sich wohl eine Entwicklung, die im Gegensatz zu anderen Menschen in anderen Zeiten und an anderen Orten trotz vieler „Steine am Weg" als harmonisch bezeichnet werden kann. Allein in zwischenmenschlichen Beziehungen – seien es Ehe, Partnerschaft, Arbeit, Freizeit etc. – kommt es täglich zu Meinungsverschiedenheiten. Dieser energetische „Gegenstrom" erzeugt oft sehr viel Leid. In erster Linie geschieht dies aus dem Grund, weil jedes Individuum seine eigene genetische Entstehungsgeschichte hat und darüber hinaus auch noch örtlich und zeitlich konditioniert wird – das ist nicht nur abhängig von Geburtsort und Geburtszeit, sondern auch noch von der Umgebung und menschlichen Begleitung durch all die Lebensjahre. Konditionierung hört niemals auf, deshalb ist es erheblich, welche Menschen man an seiner Seite hat. Es liegt also auf der Hand, dass auch alle anderen Wesen, mit denen man durch die täglichen Lebensabläufe verstrickt ist, ihren individuellen genetischen Ursprung haben. Wenn alle Individuen dies als „vorgegebene Programmierung ohne eigenen Einfluss" annehmen könnten und gleichzeitig bereit wären, ihr jeweiliges Gegenüber mit dessen spezifischer genetischer Entwicklung zu akzeptieren, dann wäre das gegenseitige Verstehen auf diesem Planeten um vieles besser und leichter.

Örtliche und zeitliche Konditionierung

Jeder Mensch ist seit dem Beginn seiner Zeugung „hineinbestimmt“ in den Lauf der Dinge, die auf ihn zukommen oder an ihm vorbeigehen. Weder konnte er sich den Zeitpunkt noch den Ort der Geburt aussuchen, noch kann er sich gegen die genetischen Strukturen seiner Eltern wehren. Je nach geografischer, ethischer, religiöser, intellektueller Umgebung wird sein Leben einen individuellen Lauf nehmen. Das ist seine Konditionierung und allein durch diese Konditionierung, für die niemand etwas kann, wird er mit Dingen im Leben konfrontiert werden, die für andere Menschen anderer Konditionierung keine Gültigkeit haben. Schließlich macht es einen Unterschied in der Konditionierung, ob die Eltern egoistisch und gefühllos oder aber selbstlos und weise sind. Dazu muss noch gesagt werden, dass sich ja auch die Eltern ihre Grundkonditionierung nicht selbst ausgesucht haben. All das sind also genetische Vorgaben, die von niemandem kontrolliert werden können. Das sind individuelle Koordinaten. Dieser genetische Stempel trägt auch das Ablaufdatum und die dazugehörenden Bedingungen oder kennt jemand einen Menschen, der sich die Art seines Todes vorher ausgesucht hat? Selbst wenn jemand scheinbar bestimmt, sich selbst das Leben zu nehmen, dann wurzelt auch diese Entscheidung in der Konditionierung, die der Code des genetischen Stempels in sich trägt. Dieser Bestimmung kann niemand entkommen. Wir müssten uns nur einmal eine Stunde Zeit nehmen, uns bequem hinsetzen und versuchen, unterschiedliche Charaktere zu betrachten. Wir brauchten nur die Prägung unter Einschluss der Gene und der Konditionen – also Koordinaten von verschiedensten Bekannten oder Unbekannten – zu überprüfen und würden sogleich sehen, dass es niemanden als Körper-Geist-Figur zweimal gibt. Das ergibt ungefähr sieben Milliarden Egos weltweit!

Die Beziehungen zwischen allen Egos (Körper-Geist-Figuren) nennt man „Leben“. Dieses Leben kann nur unter dem Mantel der Dualität stattfinden, denn sonst wäre es kein sogenanntes Leben. Das Leben ist die Summe aller Phänomene, die nichts anderes sind als eine Spiegelung des Absoluten, des Göttlichen, das sich durch diese Phänomene in Bewegung setzt und in den Figuren zu leben beginnt – von der Geburt bis zum Tod.

1954, Kärnten, Österreich, Europa: Meine „körperliche Geburt“ geschah in einem zivilisierten Land. Selbst wenn die Menschen in den Fünfzigerjahren hier noch immer vorrangig damit beschäftigt waren, die Kriegswehen zu überwinden und das Land wieder aufzubauen, kann jemand, der zu dieser Zeit an diesem Ort geboren wurde, die Begleitumstände seines Lebensbeginns mit großer Zufriedenheit betrachten. Nach den beiden Kriegen hatte endlich eine friedliche Zeit begonnen, es gab keine erheblichen ansteckenden Krankheiten oder gar Seuchen. Wir hatten genug zu essen und es gab jede Menge Chancen für die Menschen. Seit langer Zeit waren wir die erste Generation, die unbeschwert aufwachsen durfte. Es war die Zeit – musikalisch geprägt von den Beatles und Elvis –, in der Väter die Frisuren, die weiten „Hamburger-Hosen“, bunten Pollunder und gelben Socken ihrer Söhne zähneknirschend zur Kenntnis zu nehmen hatten. Flower Power! Scott McKenzie sang „San Franzisco“ und meine Schwestern toupierten sich die Haare wie Brigitte Bardot. Wir tranken Sinalco oder Bluna, sammelten Bensdorp Schokolade-Schleifen und wurden von Dr. Jochen Sommer im bunten Journal „Bravo“ aufgeklärt. Mit vierzehn hatte ich einen Plattenspieler und legte am Wochenende „Jumpin’ Jack Flash“ auf. Ich trug Samtsakkos und die goldenen Manschettenknöpfe meines Vaters. Auf der Straße sah man die „Halbstarken“ mit ihren Vespas dahinrollen, schöne Mädchen mit wehenden Haaren auf dem Rücksitz. Fahrer von VW-Käfern zeigten Richtungsänderungen mit dem Winker – Vorgänger des Blinkers – an. Um fünfzig Schilling kaufte mir meine Mutter eine Wandergitarre inklusive rotem Herz aus Filz. Fortan war ich als „Gus Backus“ in unserer Straße bekannt. Es war ein flottes Leben in einer heilen Welt – wir waren wie in Watte gehüllt. Doch es hätte auch ganz anders kommen können.

1981, Äthiopien, Afrika: So eine Geburt hätte ein ganz anderes Szenario bedeutet und wäre (übrigens bis zum heutigen Tag) mit Hunger, Armut, ständigen Seuchen mangels ausreichender medizinischer Versorgung in Verbindung zu bringen.

1926, Berlin, Deutschland, Europa, jüdische Vorfahren: Dieses Leben endete vielleicht schon 1943 in einem der vielen Konzentrationslager, wer weiß …

Auch wenn hier nur drei verschiedenen Geburtsszenarien angedeutet sind, sollten diese uns zu denken geben.

Aus der Verbindung dieser beiden Vorgaben *Genetischer Code* und *Örtliche und zeitliche Konditionierung*, die sich niemand aussuchen konnte, ergeben sich also etwa 7 Milliarden verschiedene Schicksale. Wenn man auch noch die aus den Urelementen abzuleitenden und in jedem individuellen Organismus verschiedentlich gemischten Lebens-Eigenschaften (gunas) wie Trägheit, Dunkelheit, Chaos – Rastlosigkeit, Bewegung, Energie – Klarheit, Güte, Harmonie sowie die Grundelemente Erde, Feuer, Wasser, Luft sowie Raum und Zeit dazuzählt, dann kann vielleicht erahnt werden, wie unendlich groß die Vielfalt an Organismen ist. Zwar unterscheiden wir uns in unseren jeweiligen Qualitäten auf Grund der mathematischen Unzahl von verschiedenen Vorgaben äußerlich, durch den Einfluss der immer und überall wirkenden Elemente jedoch sind wir gleichzeitig eins. Es gibt auch nur ein Bewusstsein. Dieses Bewusstsein wirkt durch alle Körper. Erst durch die Verschiedenheit der Prägung, der genetischen Herkunft, der Konditionierung und durch die mannigfaltige Vermengung der elementaren Einflüsse entstanden unsere verschiedenen Sprachen, Ansichten, Einstellungen, Standpunkte.

So erwächst in jedem Individuum eine persönliche Welt. Erst durch das allen Körper-Geist-Figuren innewohnende Bewusstsein wird dies möglich. So entstehen also etwa sieben Milliarden individuelle Spieler. Das Feld, auf dem diese Spieler – oft miteinander, oft gegeneinander, oft überhaupt nicht – spielen, wird „Leben“ genannt. Das größte Problem der Menschheit ist es, dass sich – obwohl es nur ein Bewusstsein gibt (das natürlich in jeder Körperlichkeit wohnt, nicht nur in deiner!) – jeder als Subjekt sieht und die „anderen“ als Objekte betrachtet. So wurde das Ego geboren und stirbt erst am Ende des Lebens – zugleich mit dem Körper. Wer dies erkennt und sich dieser Wahrheit innerlich gewahr wird, dessen Ego wird sich zusehends verringern. Linear dazu wird sich seine Lebenssituation verbessern. Nur im Falle des „ganzen Verstehens“ – diesen Begriff wähle ich um den Begriff „Erleuchtung“ nicht zu strapazieren – gibt es was zu feiern. Doch die Feier ist nur mehr eine scheinbare Feier, weil es dann keinen mehr gibt, der was feiern möchte …

Mein genetischer Code und meine örtliche und zeitliche Konditionierung sowie meine spezielle Vermischung der oben genannten Grundelemente sind also bei Ossi zusammengewachsen zu einer genetischen Identität – zu meiner persönlichen DNA. (Ich verfüge beispielsweise über eine größere Portion „Bewegung“, „Harmonie“, „Erde“, „Wasser“. Dafür habe ich etwas weniger „Rastlosigkeit“, „Feuer“, „Güte“). Daraus „ergab“ sich schließlich die Körper-Geist-Figur Ossi Huber. Durch neuerliche Konditionierungen und den elementaren Einfluss hat sich Ossi immer noch weiter verändert, bis er schließlich wurde, was er jetzt ist. Konditionierung hört nie auf!

Auf diese Weise kann jeder die Zusammensetzung seines persönlichen Strickmusters erkennen und nachvollziehen – die vorgegebenen Elemente jedoch bleiben für uns alle immer gleich. Nur die Mischungen sind vielfältig und ändern sich permanent. Gott (als vorgegebenes, elementares Absolutes) wirkt ja auch in alle Organismen *hinein* gleich und doch wirkt er aus jedem Individuum *heraus* verschieden – durch die Codierung! Verschiedene Religionen (fallen unter örtliche und zeitliche Konditionierung) schaffen es sogar, dass dadurch Streit, Neid, Krieg und dergleichen entstehen …

Persönliche DNA
Mutter …

Wenn ich zuvor über das Leuchten meiner Mutter geschrieben habe, dann möchte ich jetzt einen Journalisten zitieren, dessen Namen ich nicht kenne. Er hat einige Tage nach dem Tod meiner Mutter 1971 den folgenden Artikel über sie in einer Kärntner Tageszeitung verfasst. Wenn man seine Ausführungen genauer liest, dann kann man vielleicht verstehen, was ich mit meiner heutigen Ansicht über dieses Leuchten meine. Ich habe keine Ahnung, wer dieser Journalist war, ob er meine Mutter näher gekannt hat oder ob er – was zu dieser Zeit ja noch üblich war – genau recherchiert hatte. Wie auch immer – dieser Artikel strahlt, so wie meine Mutter immer gestrahlt hat. Ich habe den Artikel vor einigen Tagen beim Stöbern in alten Dokumenten gefunden. Ich wusste nicht einmal, dass er existierte. Etwas zog mich wie an einer Schnur zu dieser alten Schachtel ganz hinten links im Wohnzimmerschrank und ließ mich einige alte Dokumente betrachten – dabei fiel mir der Artikel in die Hände:

Wie ein Lauffeuer verbreitete sich unter der Bevölkerung die Nachricht, dass die Frau des Bürgermeisters von Feldkirchen, Anna Maria Huber, am 31. März abends einem Herzschlag erlegen ist.

Hatte sie sich bereits als junges Mädchen, als sie noch im elterlichen Uhrmachergeschäft in Feldkirchen tätig war, durch ihre Bescheidenheit die Sympathien der Bevölkerung erworben, so wurde ihre Beliebtheit als Frau des Bürgermeisters geradezu sprichwörtlich. Denn sie war die bescheidene hilfsbereite Frau geblieben. Alles, was auf sie zukam, ertrug sie mit Geduld und ohne jeglichen Groll. Stets war sie, trotz der vielen Verpflichtungen ihres Mannes, die treu besorgte Hüterin der Familie und pflichtbewusste Hausfrau, hatte für jeden, ganz gleichgültig, wer es auch immer war, ein freundliches Wort. Nie dachte sie daran, ihre gesellschaftliche Stellung hervorzukehren, sondern sie bemühte sich geradezu rührend um diejenigen, die zur sogenannten Gesellschaft wenig oder keinen Zutritt hatten. Dabei erfüllte sie die Aufgaben als Frau des Bürgermeisters, wenn es notwendig war, vollendet.

Die tiefe, echte Trauer, die unter der Bevölkerung herrscht, beweist, wie sehr Bescheidenheit auch heutzutage noch geschätzt und anerkannt wird. Die echten Beileidsbeweise mögen der Familie helfen, den schweren Verlust zu ertragen.

Worte des Trostes vermögen nur wenig, ein ehrliches Andenken und die Zeit können vieles lindern.“

Wenn in meinem ganzen Leben die Bescheidenheit auch nur eine untergeordnete Rolle gespielt haben mag, so ist zumindest seit dem Auffinden dieses Artikels ein Ruck durch mich gegangen, der sie wiedererweckt hat.

Als größtes Geschenk in meinem Leben aber betrachte ich es in diesem Zusammenhang, meine Wichtigkeit verloren zu haben, die so lange mein Leben bestimmt hat, diesen Zwang, unbedingt *erfolgreich* und *angesehen* zu sein, von der Gesellschaft für *seine Taten* geliebt, anerkannt und bewundert zu werden. Das Abfallen dieses persönlichen Zwangs erschuf ganz tief in mir eine anhaltende Demut.

Vater …

Mein Vater war ein Naturbursche, der unter großen Entbehrungen hatte lernen müssen, Dinge so zu nehmen, wie sie gerade daherkamen. Er hat dabei allerdings sehr viele Umwege gehen müssen. Als Kind musste er die Schafe auf der Alm hoch über dem heimischen Bauernhof hüten. Ich erinnere mich an seine knappen Erzählungen über diese schwere Zeit. Er hatte in seiner Kindheit nie Schuhe besessen, übte all seine Tätigkeiten am Bauernhof oder auf der Alm barfuß aus. Wohl deshalb besaß er später – in seiner Zeit als angesehener Lokalpolitiker – auffallend viele Schuhe.

Schließlich war es für den intelligenten, jungen Mann, der als fünfzehntes Kind seiner Eltern geboren worden war, sehr schwer gewesen, seine Vorlieben wie das Lesen von Büchern und Erlernen vieler Wissensgebiete aufzugeben und sich schließlich der Aufforderung der harten Eltern, nämlich den Beruf eines Friseurlehrlings zu erlernen, zu fügen. Nur zu gerne hätte er sich weitergebildet und Schulen besucht. „Du wirst Friseur!“ Mein Vater wurde also in eine für ihn völlig unattraktive Berufslaufbahn gezwungen.

Seine Wortspenden über seine Kindheit und über die Zeit bis zum Ende des Zweiten Weltkrieges (zu diesem Zeitpunkt war er einunddreißig Jahre alt) fielen gleich karg aus, wie sein Leben damals wohl gewesen sein muss. Wie gerne hätte ich mehr darüber erfahren. Mit Begeisterung hatte er sich in dieser schrecklichen Zeit der Hitlerjugend angeschlossen, um so seiner ungeliebten Tätigkeit als Friseurgeselle zu entfliehen. Geendet hat seine Entscheidung an der Front in Skandinavien und Russland, wo er als Soldat im winterlichen Einsatz war. Von meiner älteren Schwester Annelie weiß ich, dass er schwere psychische Depressionen zu erleiden hatte, als er die Auswirkungen des Nazi-Wahnsinns für sich erkannte. Als er „feindlichen" Soldaten gegenüber gestanden war, musste er wohl tief innerlich gespürt haben, dass diese Soldaten auf der anderen Seite nichts getan hatten, wofür er auf sie schießen hätte „müssen". Ob er jemals schoss oder nicht, ich werde es niemals wissen – er hat nie darüber gesprochen. Für ihn jedenfalls muss der „wirkliche" Krieg an der Front ein traumatisches Schockerlebnis gewesen sein, das er erst viel später und auch nur zum Teil auflösen konnte. Meine Schwester beschrieb mir einmal ihr Gefühl und meinte, dass sein Lebenstraum an der Front zerplatzt sei und er damals – in der Hölle, in der sie alle waren – alle Worte, die darüber berichten hätten können, verschluckt habe.

Nach der Kriegsgefangenschaft erbte er am heimatlichen Bauernhof einige Holzbretter, die er – gemeinsam mit seinem älteren Bruder – verkaufte, um mit dem knappen Erlös wieder Holz zu kaufen. So entstand im Laufe der Jahre ein mittelgroßer Holzhandel, aus dem sich mein Vater nach und nach zu Gunsten einer lokalpolitischen Karriere zurückzog.

Mein Vater war ein blendender Rhetoriker – seine Reden entstanden immer aus einer Spontaneität heraus und trafen den Nagel auf dem Kopf und die Menschen in ihren Herzen. Eine kleine Geschichte über seine Spontaneität möchte ich an dieser Stelle loswerden: *Mein Vater war von 1954 bis 1982 Bürgermeister. In dieser Eigenschaft hatte er für die Gemeinde Feldkirchen ein Grundstück eines Privatunternehmers erwerben können, auf dem einige Zeit später die bekannte Schuhfabrik ARA, in der hunderte Menschen Arbeit fanden, gebaut werden sollte. Nachdem die Grundstücks-Problematik endlich erledigt war, mussten noch einige Subventionen her, um das Großprojekt auch umsetzen zu können. Das Land Kärnten kam dem Subventionsansuchen auch umgehend nach - ein Beitrag des Bundes konnte allerdings erst nach einem Termin des Bürgermeisters beim damaligen Bundeskanzler Bruno Kreisky sichergestellt werden. Mein Vater war – wie gesagt – für seine spontane Art weit über die Grenzen hinaus bekannt. In forschem Ton hatte er sich im Bundeskanzleramt bis zu Kreiskys Büro vorgekämpft und wurde von dem oft grantelnden Politiker eher kühl empfangen. Seine Bitte um finanzielle Unterstützung des Bundes brachte mein Vater so dramatisch vor, als ginge es dabei um Leben oder Tod. Darauf meinte der Bundeskanzler: „Herr Bürgermeister, der Nabel der Welt sind Sie aber nicht!" Die Antwort meines Vaters fiel spontan und sehr knapp aus: „Verzeihung, Herr Bundeskanzler, aber das Arschloch bin ich auch nicht!" Gelächter und eine ordentliche Subvention folgten!*

Achtundzwanzig Jahre lang war er mit viel Geschick und Gefühl am Steuerrad einer mittelgroßen Stadt in Kärnten gestanden und von der Bevölkerung immer mit großer Mehrheit bestätigt worden. Dabei war er immer ein einfacher, unkomplizierter und ehrlicher Mensch geblieben. Wahre Einfachheit ist groß, wahre Größe ist einfach.

Der Stempel, der meine genetischen Lebensvoraussetzungen von der Zeugung an in sich trug, war unter anderem wohl von der Einfachheit beider Elternteile geprägt und begleitete mich durchs Leben. Diese Einfachheit erbten auch meine beiden Schwestern Annelie und Gudrun, die um zwölf bzw. zehn Jahre älter als ich sind. Beide suchten bereits in jungen Jahren den Weg ins Ausland und so landete Annelie in Dortmund und Gudrun zunächst in Luxemburg und danach auf Teneriffa. Beide hatten ein ziemlich schwieriges Leben und erst spät stellte sich bei ihnen ein Gefühl von Wohlbefinden ohne Entbehrungen ein.

Annelie war zunächst das gleiche Schicksal wie meinem Vater beschieden. „Schule, lernen, wozu?“, hatte mein Vater gefragt. So begab sie sich bereits mit siebzehn enttäuscht ins Ausland – zuerst in die Schweiz und dann nach Nordrhein-Westfalen –, um weiter zu kommen. Aus Annelie ist eine sehr kluge Frau geworden und sie hat es im Lauf der Jahre bis zur Chefsekretärin einer chirurgischen Abteilung in einem Krankenhaus in Dortmund gebracht, wobei ich heute sagen muss, dass an ihr eine gute Ärztin verloren gegangen ist. Außerdem ist meine große Schwester in Sachen Bildung und Kultur sehr beschlagen. Egal worüber wir in den Tagen unserer Zusammentreffen auch reden, ich habe immer den Eindruck, sie hat alles, wirklich alles gelesen und weiß über alle Themen Bescheid. Dazu kommt noch, dass Annelie, wie auch meine zweite Schwester Gudrun, eine grundanständige und ehrliche Frau ist.

Gudrun wurde bezeichnenderweise Friseurmeisterin! Beide hatten unter der Strenge des Vaters gelitten und so war auch Gudrun mit siebzehn einfach „weg“. Ihr Weg führte sie zunächst nach Luxemburg, wo sie selbstständig einen Friseur-Salon betrieb. Seit einigen Jahren verbringt sie ihre Pension auf der Kanareninsel Teneriffa. Gudrun ist einer der großzügigsten Menschen, die ich kenne. Sie würde ihr sprichwörtlich letztes Hemd hergeben, wenn sie damit jemandem helfen könnte. Außerdem ist sie eine sehr mutige Frau. Als Mittfünfzigerin fand sie in Puerto de la Cruz in Spanien eine neue Heimat und siedelte sich da an – ohne ein Wort Spanisch zu sprechen! Sehr rasch hat sie die Sprache gelernt und durch ihre gesellige Art und ihre Großzügigkeit viele neue Freunde gewonnen. Vor soviel Mut ziehe ich meinen Hut!

Oskar: Durch den Schock über den Tod meiner Mutter schien ein Teil der von ihr geerbten Einfachheit von mir abgefallen zu sein, ich ersetzte ihn durch ein unbändiges Sich-in-Szene-setzen. In dieser Zeit habe ich mich ziemlich aufgespielt, war in erster Linie „Sohn des Bürgermeisters“ – ausgestattet mit der attraktiven Macht, die Sperrstunde in diversen Lokalen meiner Heimatstadt verlängern zu dürfen. Durch die Schulzeit schwindelte ich mich mit Ausnahmegenehmigungen zur erlaubten Abwesenheit. In der Maturaklasse stellte ich den Mercedes vom Vater demonstrativ zwischen die Skoda und Opel der Lehrer. Ich lief mit Seidenkrawatten herum und protzte mit einer goldenen Omega Seamaster, die ich von meinem Firmpaten geschenkt bekommen hatte. Knapp vor der Matura brach ich meine Schulkarriere ab, um sie – ein bisschen älter und vernünftiger geworden – nach dem Grundwehrdienst und dem Einstieg in die Arbeitswelt mit einundzwanzig Jahren endlich abzuschließen.

Ich habe mir damals mit ständig wechselnden jungen Frauen die Nächte um die Ohren geschlagen, die Schultasche für den nächsten Tag schon dabei, immer die markigsten Sprüche auf Lager, immer mit reichlich Taschengeld gerüstet für eventuelle „dates“, in welchen ich Verliebtheit oder wenigstens Sex erfuhr.

Zwar hätte mich ein Jurastudium interessiert, doch war mir die Unabhängigkeit von meinem Vater wichtiger und so heuerte ich zunächst bei einer Baufirma an und absolvierte eine Ausbildung zum Baukaufmann.

Rückblickend war es die Zeit, in der ein Pubertierender die verstorbene Zuneigung seiner Mutter mit Lässigkeit zu überspielen suchte. Hinter dem scheinbar sicheren Auftreten dieses jungen Mannes verbarg sich eine kaum erkennbare Unsicherheit – gepaart mit halbstark rebellischem Gehabe gegen alles, was Vorschriften zu machen versuchte.

Hatten wir früher wegen des baldigen Abschieds meiner beiden Schwestern aus dem Heimathaus kaum familiären Kontakt, so entstanden in den letzten Jahren umso mehr geschwisterliche Gefühle füreinander. Erst vor einigen Monaten haben wir uns erstmals gegenseitig unsere Liebe und Zuneigung füreinander eingestanden. Diese Liebe war natürlich immer schon da, nur machten zum einen unsere Gene sowie vor allem unsere örtlich und zeitlich bedingt verschiedenen Konditionierungen aus uns drei Geschwister, die nicht nur äußerlich und geografisch, sondern auch innerlich und seelisch weit voneinander entfernt waren. Fast jedes Jahr treffen wir drei uns nun auf Teneriffa und sind dann für einige Zeit eine richtige Familie …

Mein Vater war nach dem abrupten Abschied seiner Frau auf der Suche nach einem Ausweg aus der plötzlichen Einsamkeit, fand zunächst jedoch keinen und stellte sich an, seinen eigenen Tod durch übermäßigen Rotwein-Konsum zu beschleunigen, als wäre dies die Lösung des Problems gewesen! Nacht für Nacht lag ich an Stelle meiner Mutter an ihrem verwaisten Platz im Ehebett und wartete auf den Vater, der oft erst in den frühen Morgenstunden eintraf. Zum Reden fand er kaum den Mut, stattdessen erhielt ich erhöhtes Taschengeld. Die Geldscheine fühlten sich wie eine Entschuldigung an. So hatte sich in mir ein gewisses Unbehagen gegen den Vater aufgestaut, das sich erst langsam legte, als er ein knappes Jahr später eine Witwe kennen und lieben lernte. Beide waren am Grab ihrer verstorbenen Ehepartner gestanden und hatten in ihrer getrennten Trauer um ihre Liebsten zueinander gefunden.

Bald darauf fand die Hochzeit statt. Die Ehe, die bis zu seinem Tod hielt und als harmonisch bezeichnet werden kann, bedeutete die Lebensrettung für meinen Vater. Für mich bedeutete es, weiterhin keinen familiären Anschluss zu haben. Ich hatte meine Familie mit elf Jahren verloren, als ich ins Internat geschickt worden war. Bis zum heutigen Tag hat sich der Zustand, ohne Familie zu sein, gehalten. Auch ich habe es nicht geschafft, mit meiner Tochter und ihrer Mutter eine eigene Familie zu gründen. Ich führe das auf meine eigene, fehlende Liebe zurück. Lange machte ich meinem Vater Vorwürfe, dass er mir keine Liebe geschenkt hatte. Und was war mit meiner Liebe?

Heute denke ich in großer Liebe an meinen Vater. Er hat gegeben, was er zu geben hatte – mehr war da nicht. Wer kann schon mehr geben, als er selbst hat? Und er war immer ein anständiger Mensch geblieben, niemals in Versuchung, seinen politischen Posten für eine persönliche Bereicherung zu nutzen.

Lieber Papa,
als Du im Feber 1988 am Sterbebett noch einmal Deine Augen aufschlugst, um mir zu sagen: „Pass mir auf die Marie auf", da verschlug es mir die Sprache. Deine zweite Frau hat mich nie so richtig akzeptiert, diesen Eindruck hatte nicht nur ich. Ich war zwar froh, dass Du sie geheiratet hast – damals, ein Jahr nach dem Tod meiner Mutter. Ich war froh, weil ich darin Deine Lebensrettung sah. Du wärst sonst in Deiner Verzweiflung womöglich ertrunken.

Ich habe Deiner Marie beim ersten gemeinsamen Weihnachtsfest eine 32-saitige Zither geschenkt, so als wollte ich damit den Eintritt in ihr Haus bezahlen. Als ich das Paket aufmachte, auf dem „von Marie" draufstand, blieb mir der Atem kurz weg und ich sagte artig danke. Erst als ich allein zu Hause in unserem alten Haus war, konnte ich mir die Traurigkeit wegweinen. Aus dem Paket schauten zwei filzige Hauspatschen heraus – als wollten sie mir ausrichten, dass ich künftig meine staubigen Schuhe draußen zu lassen hatte.

Jeden Samstag besuchte ich Dich und Marie. Es war ewig das gleiche Zeremoniell mit demselben netten Text. Sobald ich etwas wirklich Persönliches mit Dir besprechen wollte, holtest Du die Karten. Wir „schnapsten" dann aus, was wir nicht aus*reden* konnten. Meistens gewannst du, ich habe dich sogar beim Schwindeln erwischt – mir war es doch völlig egal, wer gewinnt!

So klein Du auch körperlich gewesen sein magst, so groß warst Du als politische Persönlichkeit. Du fordertest Respekt und man brachte ihn Dir auch stets entgegen.

Früher warst Du zu Hause immer sehr still und wolltest durch lästige Kinderfragen nicht gestört werden. Als Kind traute ich mich auch gar nicht, Dich zu stören, viel zu sehr schmerzte noch der Rücken von den Schlägen, die ich einmal bekam. Jähzornig hast Du mich geschlagen, weil ich mit Schulfreunden die Weißwand-Reifen Deines Peugeots mit Holzstecken angetrieben habe.

Jetzt in Deiner neuen Familie unterhältst Du Dich mit Deinen „neuen" Kindern. Die drei erhalten Deine Zuwendung, wie ich sie mir immer gewünscht habe. Gut für sie, denn sie hatten es schwer, weil sie ja ihren Vater verloren haben.

Ich kam mir hingegen die ganze Zeit so wertlos vor. Und jetzt sollte ich schauen, dass es Deiner Marie gut gehe nach Deinem Tod … Nicht, dass ich Dir böse gewesen wäre wegen dieser letzten Ansprache an mich, aber ich war sehr traurig und enttäuscht!

Erst vor einigen Jahren habe ich in einer Familienaufstellung erfahren, wer Du wirklich bist. Jetzt habe ich mich mit Dir endlich aussöhnen können. Schade, Papa, dass wir uns nicht besser kennen gelernt haben. Weißt Du, ich hab Dich sehr lieb!

Marie ist es übrigens in den ganzen Jahren ziemlich gut ergangen, soviel ich von ihren Kindern erfahren habe. Sie hat sehr lange aufrichtig um Dich getrauert.

Der Kontakt ist bald abgerissen – tut mir leid, Papa, ich konnte Dir diesen Wunsch einfach nicht erfüllen!

In Liebe
Oskar

Wünsche, Erwartungen, Begehren, Bedürfnisse …

Hinter unseren Wünschen verstecken sich Erwartungen. Wenn sich unsere Erwartungen erfüllen, geht es uns gut. Genau diese Erwartungen sind es aber auch, die uns das Leben so schwer machen, wenn sie sich nicht erfüllen. Sie erzeugen erst das Leid, das uns begleitet. Und werden sie doch erfüllt, dann fühlen wir uns glücklich. Doch wie lange hält dieses vermeintliche Glück? Es hält bis zur nächsten Erwartung! Dieses Spiel hört nie auf! Erwartungen sind wie vergiftete Zellen, die uns krank machen.

Mein Vater hat seinen letzten Wunsch, seine letzte Erwartung sogar mit in den Tod genommen. Sein Wunsch war für mich einfach unerfüllbar. Doch ich hatte deswegen kein schlechtes Gewissen, habe diesem letzten auferlegten Druck einfach nicht nachgeben können, weil ich mich absolut unzuständig fühlte. Moralisten könnten mich natürlich kritisieren: „Nicht einmal den letzten Wunsch hast du dem Vater erfüllt!"

Nun, es lag definitiv nicht in meinem Aufgabenbereich, auf meine Stiefmutter aufzupassen. Schließlich hat sie ja selbst drei Kinder, die ihre Aufgaben auch wahrgenommen haben. Diese vom Vater zuletzt übertragene Erwartung hat sich also ganz von selbst in nichts aufgelöst, friedlich und ohne dass ich jemals eine Verantwortung hätte übernehmen müssen, die nicht mir gehörte.

Wir glauben immer, wir müssten die Erwartungen der anderen erfüllen. Dadurch verlieren wir unser Selbst und werden zur Schachfigur, die von anderen beliebig hin- und hergesetzt wird – je nach Bedarf. Es entsteht Druck – nahezu unsichtbar, aber massiv!

Unsere Wünsche und Erwartungen machen uns aber auch glauben, dass wir ein ganz bestimmtes Leben führen und gewisse Dinge besitzen sollten, um glücklich sein zu können. Nun, ich glaube, es ist genau umgekehrt. Es ist das bedingungslose Glücklich- und Zufriedensein mit *dem, was ist*, das schließlich Zufriedenheit, Gesundheit, Freude, Harmonie und Frieden in unser Leben bringt. Es ist also genau anders herum, als die meisten meinen! Darüber sollte man wirklich einmal nachdenken!

Jeder will irgendetwas. Es ist natürlich unser Verstand, der immer eine ganze Reihe von Wünschen entwickelt. Mit der Erfüllung der Wünsche ist es jedoch niemals getan. Bald werden neue Wünsche erfunden. Der Verstand, das Ego wird nie zur Ruhe kommen!

Hingegen hat der Körper Bedürfnisse und nicht Wünsche. Er braucht Nahrung, er braucht Wasser, ein Dach über dem Kopf und eine gewisse Behaglichkeit. Der Verstand hingegen braucht keine Behaglichkeit, sonst könnte er sich unmöglich unbequeme Kleidung oder unbequeme Einrichtungsgegenstände wünschen, nur weil sie gerade „in“ sind und weil „man“ solch moderne Dinge einfach besitzen muss, um in der Gesellschaft Beachtung zu erlangen. Anerkennung ist wie Kleidung keineswegs ein körperliches Bedürfnis, sondern ein Wunsch des Verstandes, der den Ehrgeiz auf den Plan ruft. Der wirkliche Maßstab sollte immer der Körper sein. Wenn der Verstand wieder einmal mit irgendwelchen Wünschen daherkommt, dann sollten wir einmal unseren Körper fragen, was er denn davon hält! Und wenn der Körper nein sagt, dann lassen wir den Wunsch besser fallen!

Bedürfnisse sind authentisch, Wünsche dagegen kommen immer aus dem Verstand, es sind Gedanken, die, wenn wir ganz genau hinschauen, von anderen zu uns kommen und daher etwas Manipulatives in sich tragen. Sie erwecken Erwartungen.

Oft werden wir erst durch die Werbung auf etwas aufmerksam, was uns scheinbar fehlt. Werbeslogans oder -spots sind so clever aufbereitet, dass sie uns Bedürfnisse suggerieren, die es in Wirklichkeit gar nicht gibt. Erst bei genauerem Hinsehen wird merkbar, dass die Produkte, für die geworben wird, meist nicht unsere Bedürfnisse abzudecken suchen, vielmehr werden eher spitzfindig suggerierte Wünsche hinter solchen Produkten bedient. Durch unser Denken kommen sie als Bedürfnisse getarnt daher.

Der Körper weiß es immer! Sich der Wünsche zu entledigen bedeutet, den Weg in die Freiheit anzutreten! Wünsche zeigen an, dass man seinen inneren Reichtum nicht kennt. So möchte der Mensch wenigstens im Äußeren so viel wie möglich besitzen. Die meisten Menschen wünschen sich mehr Geld, ein größeres Haus, ein schnelleres Auto, ein tolles Outfit, eine attraktivere Frau etc. Kinder sehen dieses Bestreben der Eltern, daher braucht sich niemand über die Folgewirkungen zu wundern. Und die Eltern können nichts dafür, sie haben es ja auch nicht anders gesehen und gelernt. Der Verstand und das Denken bilden die Basis für das Wünschen – sie verbauen uns den Weg in die Freiheit!

Aus dem Umstand heraus, dass Menschen nun einmal unzufrieden sind, ergibt sich die lebenslange Suche nach Befriedigung. Da diese nie wirklich gefunden werden kann, wird sie in die Zukunft projiziert. Das Begehren als solches ist nicht zu befriedigen! Dass die meisten Wünsche nicht erfüllt werden, entspricht gleichzeitig der Natur des Wünschens! Wenn einmal ein Wunsch erfüllt ist, so vergeht meistens nur eine gewisse Zeitspanne bis zum Auftauchen des nächsten Wunsches. Das Begehren entsteht immer wieder aufs Neue. Genau dafür haben die verschiedenen Glaubensgemeinschaften Begriffe wie „Himmel“ oder „Paradies“ erfunden. Das sind schließlich die Orte, an denen endlich die ultimative Erfüllung der Wünsche stattfinden wird, die wir *hier* – an dem Ort, an dem wir gerade jetzt sind – nicht finden. Um ins Paradies zu gelangen, müssen aber einige Regeln eingehalten werden, die „Gott“ gefallen. Niemand auf diesem Planeten weiß etwas vom Paradies, aber alle reden davon!

Was wäre denn, wenn Gott all unsere Wünsche schon hier und jetzt erfüllen würde? Oder glaubt jemand, dazu wäre Gott nicht in der Lage? Was ist das dann für ein Gott? Daher sagen die Religionen: „Erfüllung ja – aber *nach* diesem Leben!“

Im Westen vertritt man die Meinung, dass Wünsche wohl erfüllt werden, wenn man sich genug anstrengt. Anstrengung bringt Geld, Einfluss und Macht – das sind im Westen sichere Indikatoren für Erfolg. Politiker und Manager zeigen uns ständig, wie das funktioniert. Meistens bedeutet Erfolg aber auch den Verlust des inneren Friedens. Erfolg saugt oft alles in sich auf, was im Leben wirklich von Bedeutung ist. Stille, Freude, Friede, Liebe. Erfolg bringt dafür andere Dinge in unser Leben – äußerliche Dinge. Mehr Geld, mehr Macht, ein größeres Haus, einen attraktiveren Lebenspartner!

Begehren bedeutet Hoffnung. Es kann niemals gestillt werden, sonst wäre es kein Begehren. Jemand wünscht sich beispielsweise einen Partner. Der Wunsch geht in Erfüllung. Nach einiger Zeit kommt der Wunsch nach neuen Liebesabenteuern mit anderen Liebespartnern auf – das entspricht der Natur des Begehrens!

Jemand wünscht sich, 10.000 Euro zu besitzen. Wenn er sie endlich hat, kommt der Wunsch nach 20.000 Euro auf – das ist die Natur des Begehrens! Dieses Spiel geht unaufhörlich weiter – es endet nie. Was man auch besitzen mag, der nächste Wunsch ist schon da – immer eine Nasenlänge vor uns.

Um dieses Begehren ein für alle Mal zu überholen und es für immer hinter uns zu lassen, sollten wir uns einmal das Wesen des Begehrens vor Augen führen. Beobachten wir einmal seine Natur: Ohne Zweifel kann man beim genauen Hinsehen entdecken, dass Begehren seiner Natur nach unstillbar ist. Wenn jemand das zutiefst versteht und annehmen kann, dann verschwinden Wünsche und Begehren nach und nach. Die Erfüllung findet sich im „über die Grenzen des Begehrens hinausgehen". Das würde bedeuten, keine Wünsche mehr zu haben, nichts zu wollen, denn Wünsche deuten ja immer auf einen Mangel hin. Irgendetwas muss fehlen. Würde nichts fehlen, dann hätte man logischerweise keine Wünsche. Das aber würde gleichzeitig *Glück*, *Himmel*, *Paradies* bedeuten – und all das *jetzt und hier*! Doch die meisten Menschen liegen im tiefen Schlaf!

Das Leben ist so einfach, wenn man nichts will – wenn man sich dem Geschehen angstlos überlässt.
Amrita *(aus einem Brief 02/2011)*

Verstand, Herz, Sein …

Der Verstand und das Denken lassen es nicht zu, dass wir wirklich neue Wege zur Glückseligkeit erschließen und ohne Wünsche leben können. Der Grund dafür ist, dass sich das Denken per se nur mit Bekanntem beschäftigen kann. Wenn wir an etwas denken, dann handelt es sich dabei immer um etwas, was wir bereits kennen. Wie könnten wir über Unbekanntes nachdenken? Das geht nicht. Durch Denken können wir nichts Unerforschtes finden. Menschen, die viel denken, drehen sich im Kreis. Was würde wohl passieren, wenn unser Verstand zu denken aufhören würde? Die meisten glauben, dass sie dann bald gar nichts mehr hätten, was sie besitzen könnten, und dass sie dann mehr Probleme hätten. Es ist aber genau umgekehrt.

Es ist so, dass wir durch das „Nicht-Denken“ auf Neues stoßen würden – und das Neue selbst *ist schon* die Befreiung aus der ständigen Umkreisung des Bekannten. Wir sehnen uns doch immer nach etwas, das wir kennen und von dem wir erwarten, dass es uns Glück bringt – nur weil wir es noch nicht besitzen! Wenn wir aber nichts brauchen und keine Wünsche haben, dann stellt sich die Glückseligkeit automatisch ein! Wenn wir die Welt in Ruhe lassen, dann kann ein innerer Frieden entstehen, der Glückseligkeit mit sich bringt. Das würde passieren, wenn unser Verstand zu denken aufhören würde!

Wir sind nicht nur nackt zur Welt gekommen, sondern auch noch ohne Gedanken – ohne Denken. Denken ist ein Produkt der Gesellschaft! Das wahre „Sein“ ist demnach vor dem Denken. Existenz bedeutet pures Sein und dieses Sein ist kein Zustand des Verstandes oder des Denkens.

„Cogito, ergo sum – ich denke, daher bin ich“, sagt eine Grundannahme, die auf den Philosophen René Descartes zurückgeht. Eigentlich sollte es heißen: „Ich bin, also brauche ich nicht zu denken!“

Der „denkende“ Verstand ist aber nicht zu verwechseln mit dem sogenannten „arbeitenden“ Verstand. Der nämlich wird immer gebraucht und ist auch immer zur Stelle. Der arbeitende Verstand kümmert sich um alle Lebenssituationen – auf ihn ist Verlass. Der denkende Verstand hingegen grübelt immer, er ist es, der die Vergangenheit immer mit einbezieht und sich dauernd um die Zukunft sorgt. Der denkende Verstand ist aus diesem Grund eine ewige Belastung – ich nenne ihn deshalb „Erbsünde“.

Wenn Ramana Maharshi meint, dass der Verstand zerstört werden müsse, dann ist damit wohl der *denkende* Verstand gemeint. Den arbeitenden nämlich gebrauchte sogar er selbst, sonst hätte er nicht in einem Körper leben können. Das zu verstehen ist essenziell und hat mit Intelligenz oder mit einer Ausbildung nichts zu tun. Gott macht keinen Unterschied zwischen mehr oder weniger ausgebildeten Menschen. Durch das Bewusstsein wirkt er in allen, egal ob Akademiker oder einfacher Arbeiter. Es gibt gleich viele gute und schlechte Ärzte wie es gute und schlechte Arbeiter gibt! Ein akademischer Abschluss schützt nicht vor Torheit! Der denkende Verstand, der aus lauter Gedanken besteht, macht üblicherweise den Akademiker denken, dass er auf Grund seiner Qualifikation etwas Besseres ist als ein Arbeiter. Arbeiter sind aber nicht niedriger einzustufen, nur weil sie nicht so lange die Schulbank gedrückt haben. Hier gilt es, einmal die richtige Werteinstufung von Verstand, Herz und Sein zu finden: Der Verstand, dem wir größtenteils die schulische und berufliche Qualifikation zuschreiben, hat in dieser Werteskala den niedrigsten Rang. Der denkende Verstand ist die Einrichtung, die erst das dualistische Denken und daraus hervorgehend das menschliche Leiden schafft. Er kümmert sich um Haben, Werden, Bewerten, Urteilen, Besitzen, Vergangenheit und Zukunft und hindert uns oft, auf das Herz oder die innere Stimme zu hören. Vor allem aber hindert er uns am Sein.

Eine Stufe höher als der Verstand steht das Herz. Das Herz ist wie unsere innere Stimme, die verlässlich in die Richtung zeigt, die „garantiert richtig" für uns ist, die wir aber oft nicht einschlagen, weil uns eben der Verstand davon abhält und zurückholt ins Leiden.

Ganz oben auf der Werteskala steht aber das *Sein*. Das Sein ist das göttliche Element in uns. Das Sein zu erkennen, bedeutet, Licht ins Dunkel der universellen Existenz zu bringen. Das Sein ist die ultimative Wahrheit, weil es immer schon war, weil es immer sein wird, vor allem aber, weil es *ist*. Sein ist jetzt! Unser Sein ist unser göttlicher Anteil an der universellen Existenz!

„Was wir Selbstverwirklichung nennen, ist nicht das Erlangen von etwas Neuem oder das Erreichen eines fernen Ziels; es heißt einfach, das zu sein, was man immer ist und schon immer war."

Ramana Maharshi (www.zitate-aphorismen.de)

Die wichtigste aller Antworten kann mit Worten nicht vermittelt werden. Diese Antwort ist individuell verschieden, sie ist bereits in unseren Herzen angelegt – sie ist schon da –, die meisten können sie nur nicht oder noch nicht hören!

Frage drei Menschen und du erhältst drei Meinungen, frage dein Herz und du hast eine Antwort!

Warum müssen die meisten Menschen überhaupt zwanghaft nach Antworten suchen? Das Suchen nach Antworten stellt zugleich das größte Hindernis zum Finden dar. Wie wäre es mit einem Versuch, einfach nur bei der Frage zu bleiben, und zwar bei Ramana Maharshis ultimativer Frage: „Wer bin ich?"

Ich glaube, dass es auf diese Frage einfach keine Antwort gibt. Gäbe es eine allgemein gültige Antwort, dann könnten ja alle in den Besitz dieser Antwort gelangen. Manche würden wahrscheinlich viel Kohle dafür bieten, um nicht mehr weitersuchen und leiden zu müssen. Wer will nicht glücklich sein? Bleiben wir stattdessen einfach bei der Frage, denn so kann der Zeitpunkt kommen, zu dem sie sich wie von selbst auflöst. Schließlich sitzen wir vor dem größten Mysterium des Lebens! Und die Auflösung des Mysteriums hat definitiv nichts mit allgemeinem Wissen zu tun und kann dadurch auch nicht gelöst werden. Nicht einmal die Wissenschaft kann dieses Mysterium lösen. Vielmehr entsteht hier ein Vakuum. Bei genauer Betrachtung ist dies eine Frage, für deren Antwort kein Lehrer, kein Buch und auch kein Plan bereit stehen. Die richtige Antwort ist, dass es keine Antwort gibt! Wir werden uns niemals finden, weil wir uns nämlich niemals verloren haben. Die Frage „Wer bin ich?" soll zu einer authentischen Frage werden. Da ist etwas Reines, Unverdorbenes ganz innen, das gar nicht nach Theorien, Analysen, Dogmen sucht. Das still macht – ganz still. Ich werde nie wissen, wer ich bin! Nichts bleibt übrig und das gilt für alle!

Die Einfachheit und gleichzeitig auch die Schwierigkeit, die hinter diesem Nichts stecken, können weder durch besonderes Talent oder Begabung noch durch den allerhöchsten IQ erfasst werden. Es ist, als ob man erkennen würde, dass man das ist, was man immer schon sein wollte, und dann erfährt, dass man es doch schon war! Dann tritt das eben beschriebene *Sein* in Kraft. Dieses göttliche Element erweist sich als Erlösung vom denkenden Verstand. Zwischen „Gott" und dem Körper (Welt) befindet sich der Verstand (die Gedanken).

Der ganze Verstand ist nichts anderes als eine Ansammlung von Gedanken, die von außen kommen. Er setzt sich aus lauter Erinnerungen zusammen. Unser Name – eine Erinnerung. Irgendwer hat ihn uns gegeben. Unsere ganze Entwicklungsgeschichte, unser beruflicher Werdegang, die

Erfolge, die Misserfolge, lauter Erinnerungen. Sie machen den Verstand aus. Wer aber sind wir ohne all diese Erinnerungen? Wenn wir jetzt nach innen schauen, dann könnten wir es förmlich spüren: Die Antwort lautet, dass wir es einfach nicht wissen, wir können nicht wissen, wer wir sind, denn wüssten wir es, hieße dies, wir würden Gott begreifen! *Ich weiß nicht* – das bedeutet Weisheit!

Der Verstand ist über tausende von Jahren entstanden. Die Erfahrungen aller Wesen – Menschen, Tiere, Pflanzen – sind im Verstand enthalten, als wäre er ein Abbild aller Existenzen, die es je gegeben hat. Carl Gustav Jung nannte dieses Abbild das kollektive Unbewusste. So habe ich es einst in der Schule gelernt. Unsere Körper sind getrennt, „unser" Verstand schon weniger, wie Jung meint. Eher ist der Verstand ineinander greifend wie Zahnräder, die ein Uhrwerk zum Laufen bringen.

Und dann gibt es noch die Seele. All unsere Seelen sind eins. Es gibt nicht verschiedene Seelen. Max hat keine andere Seele als Susi und die anderen.

Im Zentrum aller Existenz – körperlich zwar getrennt, im Verstand jedoch verbunden – trifft sich alles.

Alle Seelen sind eins! Das ist die Erklärung für *Gott*.

Zeit (Vergangenheit, Zukunft, Gegenwart = Jetzt)

Vergangenheit

Wirklich und einzig wahr ist nur, was wir genau jetzt erfahren, welche Umstände wir jetzt haben, was wir jetzt erleben. Alles andere, was vor oder hinter uns liegt, ist – einfach gesagt – ein Hirngespinst, das uns unser denkender Verstand (Ego) in Form von fortwährenden Gedanken und daraus entstehenden Emotionen in den Weg legt. Was hinter uns liegt, hat uns geprägt, hat uns zu dem gemacht, was wir jetzt sind. Das nennt man „Vergangenheit". Beim genauen Hinsehen ist aber nichts davon Vergangenheit. Als sie passierten, unsere Erlebnisse in der Kindergarten- oder Schulzeit, als wir die erste Liebe erlebten oder sogenannte „Fehltritte" unser Leben bestimmten – was auch immer passierte, es war immer „*Jetzt*". Und wäre es nicht zweifellos immer Jetzt gewesen, dann gäbe es bestimmt irgendjemanden auf diesem Planeten, der jetzt – heute – beweisen könnte, dass all diese Erlebnisse in der „Vergangenheit" passiert sind.

Wo ist die Vergangenheit jetzt gerade? Wahr ist: Sie findet nur in unseren Köpfen, in unseren Gedanken statt, also jetzt! In unserem Verstand lassen wir die Vergangenheit immer wieder aufleben – manchmal überholt sie uns dann! Doch wen überholt sie? Den Denkenden. Daraus ergibt sich die nächste Frage: „Wer ist dieser Denkende?" „Na *ich*!", lautet die Antwort. „Aha, und wer bin ich?" Wieder sind wir bei dieser Frage gelandet. Der Verstand kann jetzt keine Antwort darauf finden – er kann dieses Problem nicht lösen, das haben wir ja gerade erst besprochen. Selbst wenn er jetzt etwas sehr Logisches macht und den menschlichen Körper als *ich* zurückverfolgt – er findet seinen nachvollziehbaren „Ich-Anfang" genau da, wo alle Lebewesen, die denken können, ihn finden. Bei der Geburt. Doch wie kam es zu der Geburt? Und wer war „ich" bei der Geburt? Wer kann sich an die Geburt erinnern? Niemand, denn wir kennen die Geschichte unserer Geburt alle nur vom Hörensagen, von Erzählungen unserer Eltern. Wie weit können wir uns zurückerinnern? Meistens gelingt uns das bis zum dritten, vierten Lebensjahr. War ich mit drei Jahren schon der, der ich jetzt bin? Nun, die Persönlichkeit hat sich natürlich erst entwickelt, doch etwas war in mir – damals wie heute: Bewusstsein. Das Bewusstsein, das durch mich und durch alle anderen lebenden Wesen wirkt. Und wie war das in meiner Embryo-Hülle, eingebettet im wohligen Körper meiner Mutter? Wer hat mich da beschützt und geführt? Und noch vorher: Wie war das bei der Zeugung durch meinen Vater? Eine seiner Samenzellen befruchtete eine Eizelle meiner Mutter. Ein chemischer Vorgang, wenn man es genau nimmt. Doch wo war mein persönliches „Ich“ und wer hat sich genau mich gewünscht oder mich wissentlich so fabriziert, wie ich bin? Nicht einmal ich selbst hab mir das so ausgesucht – schließlich hat mich niemand gefragt! Doch auch meine Eltern mussten tatenlos zusehen, wie ich entstand und entwickelt wurde – nicht wissend, wer da wirklich rauskommt. So entstand Leben. Doch auch in einer stehenden Wasserlache entsteht von selbst Leben, man müsste sie nur einige Tage beobachten. Leben entsteht auch, wenn man einen Kilogramm Mehl verstreut und einige Tage liegen lässt. „Mein“ Leben entstand aus nichts anderem als aus der Nahrung, die mein Vater zu sich genommen hatte. Also: Was sollte „mich“ heute veranlassen, irgendeine „meiner“ zahlreichen Tätigkeiten als wirklich selbst gewollte Tat zu sehen und womöglich auch noch stolz darauf zu sein? Warum sollte ich mich als „ich bin Ossi“ ernst nehmen? Ossi konnte erst zum Ossi werden, als jemand ihm diesen Namen gab und ihm sagte, dass dies nun „er“ sei! Erst jetzt begann die „Ich bin Ossi-Geschichte“.

Jede Körper-Geist-Figur hat diese Entwicklung genommen. Man dreht einfach die Zeit zurück – ich stamme von meinen Eltern ab, die von ihren Eltern abstammen, die wiederum von deren Eltern abstammen. Nicht schwer nachzuvollziehen – alle gelangen gleich weit zurück, nämlich bis zu den ersten Menschen – nennen wir sie der Einfachheit halber Adam und Eva. Und woher kommen dann Adam und Eva?

Was soll das alles? Wenn jemand an dieser Stelle wirklich genau hinsieht, dann wird augenscheinlich, dass es kein persönliches „Ich“ gibt. Die Illusion des Ego lässt sich also beweisen. Der Verstand steigt aus – er ist machtlos und weiß gar nichts mehr!

Jetzt kommt *Gott* ins Spiel. Gott hat aber noch nie jemand leibhaft gesehen – wer hat Gott erfunden? Dass es ihn schon immer gegeben hat, diese Aussage haben wir übernommen – von wem auch immer –, wir haben diese Aussage jedenfalls nicht selbst erfunden. Schon eher könnte man sagen, wir glauben daran.

Das bedeutet, wir bzw. die allermeisten Menschen folgen dem Verstand, so weit er uns scheinbar vernünftige Lösungen und Antworten auf unsere Fragen anbieten kann. Dort angelangt, wo der Verstand aussteigen muss, weil er keine Antwort mehr finden kann, steht aber Ratlosigkeit. Und dann schließen wir uns üblicherweise dem Glauben an, der in unserer Region verbreitet ist – so einfach ist das. Auch wenn die unterschiedlichsten Religionen verschiedenste Ursprünge zu haben scheinen – in Wirklichkeit sind sie alle aus der gleichen, vom Verstand nicht zu beantwortenden Frage entstanden: „Wo kommen wir her, wo gehen wir hin?“

Gott, Allah oder wie immer „das Höchste“ von den Priestern der religiösen Hauptströme benannt wird – all diese Begriffsbildungen verschieben die Wahrheit in die sogenannte Zukunft – die es aber genauso wenig gibt wie die Vergangenheit! Gott – unter welchem Namen auch immer – steht für das, was der Verstand nicht fassen kann. Also glaubt man – je nach örtlicher Konditionierung – den Schriften und Traditionen der entsprechenden Religion. Meine örtliche Herkunft war daher mit dem katholischen Glauben in Verbindung zu bringen.

Es gibt jedoch außer den religiösen auch noch politische oder gesellschaftliche Glaubenssysteme. Alle haben eines gemeinsam: Sie stehen dafür, dass ihnen der Mensch quasi geopfert wird. Glaubensinhalte unterdrücken die Suche nach der Wahrheit, deshalb haben die religiösen Protagonisten auch Angst vor Hinterfragung, vor Zweifel und vor genauer Untersuchung. In dieser Angst liegt der Beweis für das Fehlen einer realen Basis begründet. Etwas nur zu glauben – das ist keine solide Basis. Jemanden ein Glaubenssystem umzuhängen – so wie das die Gesellschaft, die Politik und die Religionsgemeinschaften machen –, bedeutet, dass die Menschen unintelligent gehalten werden, damit man sich selbst in mächtiger Position behaupten und halten kann.

Wahrheit kann nur aus eigener Erfahrung wahr sein, nicht durch Glauben! Der Wahrheit muss man begegnen, man muss sie selbst spüren und schmecken. Wenn man sie nur von anderen Menschen übernimmt, dann ist es noch keine Wahrheit. Fragen wir uns doch einfach, woher die anderen die Wahrheit haben! Haben sie sie selbst erfahren oder hat wiederum jemand anders, jemand, der älter ist und es wahrscheinlich gut mit ihnen gemeint hat, ihnen diese Wahrheit überliefert?

Zukunft

Die Zukunft hat – wie sollte es anders sein – keine einzige Antwort auf alle Fragen, die wir *jetzt* nicht beantworten können und sie daher nach vorne, in eine Zeit, die es gar nicht gibt, verschieben.

Aus der „Vergangenheit“ haben sich viele dieser Fragen ergeben – sie wurden weitergegeben und überliefert. Doch die Antworten auf diese Fragen waren nie ausreichend, sie konnten nie „jetzt“ beantwortet werden, konnten daher immer nur in die „Zukunft“ verschoben werden.

Ähnliches ist beim menschlichen Glücksempfinden zu beobachten – zumindest bei den meisten: Lösungen werden in die Zukunft verschoben – eine Zeit, die es in Wirklichkeit gar nicht gibt!

„Jetzt geht's mir gerade nicht so gut, aber morgen, in zwei Jahren, im nächsten Leben …" Das ist die perfekte Verschiebung der kristallklaren Wahrheit ins trübe Ungewisse. Man lügt sich in die eigene Tasche. Und weil es der Verstand eben nicht begreifen kann, nennt er die Zeit, in der alle Probleme verschwinden und gelöst werden, einfach „Zukunft". Doch wieder gäbe es bestimmt jemanden, der die Zukunft beweisen wollte, wenn er sie erlebt hätte und wenn er es könnte. Das kann natürlich niemand, weil jedes Erlebnis, das dem jetzigen Moment folgt, wieder nur ein „Jetzt" sein kann.

Da gibt es das berühmte Gasthaus, vor dem eine große Tafel steht, auf der in riesigen Buchstaben geschrieben ist: „Morgen Freibier!?" Wann ist morgen? Wenn man im vermeintlichen „Morgen" angekommen ist, was ja nur bedeutet, dass sich das „Morgen" zwar scheinbar verzögert, aber schließlich doch in ein „Jetzt" verwandelt hat, dann steht ja wieder die Tafel da: „Morgen Freibier" !

Der durch die Menschheit eingeführte Begriff „Zeit" ist einerseits natürlich erforderlich, weil dadurch der Lauf des Lebens eingeteilt und eine meist nützliche Ordnung hergestellt werden kann. In Wirklichkeit aber ist „Zeit" eine Illusion – wie das morgige Freibier!

Gegenwart = Jetzt

Nur das Annehmen des jetzigen Moments, der gerade geschieht, der gerade abläuft, egal, was in diesem Moment auch passiert, bedeutet *wirklich zu leben*. Diesen jetzigen Moment nicht anzunehmen, wie er ist, bedeutet, das Leben, wie es wirklich ist, nicht anzunehmen!

Am Ende einer spirituellen Reise werden zwei entscheidende Dinge realisiert sein: Erstens werden wir das „Außen" akzeptieren – also das, was wir allgemein „Leben" nennen, und zwar so, wie es ist und wie es daherkommt. Zum zweiten werden wir uns selbst akzeptieren, und zwar so, wie wir sind. In beiden Punkten nichts ändern zu wollen – das bedeutet, nichts mehr vom Leben zu wollen, seine Abläufe zur Kenntnis zu nehmen – jetzt präsent zu sein! Das bedeutet wirklich Leben!

„Später werden wir glücklich sein!" – Solche Phrasen sind eine strikte Ablehnung von dem, was das Leben im jetzigen Moment für uns bereithält.

Zu diesem Thema ist mir vor einigen Jahren einmal ein Gedicht eingefallen:

gestern – heute – morgen

gestern warst du noch ein kleines kind,
hast miterlebt, wer deine eltern sind,
deine verwandten und die lehrer,
priester, freunde und bekehrer.
sie haben dir gesagt, was man nicht tut,
was alles schlecht ist und was gut.
ihre gedanken haben sie dir „geschenkt"
und dich in *ihre* bahn gelenkt.
wie oft hast du dich wohl gebeugt,
von ihren „wahrheiten" tief überzeugt?
bist du dir sicher, ob sie richtig waren,
hast du das jemals **selbst erfahren**?
wie oft warst du zu klein, zu dumm,
hast dich geschämt, warst plötzlich stumm?
das leben aber findet **heute** statt,
(wer diese weisheit auch gefunden hat!)
ich weiß, du hast heut` wenig zeit,
du bist für heute nicht bereit!
heute hast du andere sorgen.
vielleicht beginnt dein leben morgen!?
als hätt` ein dieb dein „jetzt" gestohlen,
wird dich dein „gestern" überholen.
du versuchst, fürs leben vorzusorgen,
vergisst das **JETZT** – doch: was kommt morgen?

Missverständnis und Missbrauch des Wortes „Glauben“

Ich vergesse meine erste Konfrontation mit einem katholischen Religionsbuch nie – ein Bild des Fegefeuers machte mir in der ersten Volksschulklasse Angst. Nur wer brav ist und an Gott *glaubt*, kommt in den Himmel. Wer die zehn Gebote nicht befolgt, muss ins Fegefeuer – so fängt der ganze Zauber im Kindesalter an! So wird Kindern Furcht und Angst in ihren „Lebensrucksack“ gepackt, den sie dann ein Leben lang auf ihrem Rücken zu tragen haben. Dieser Rucksack wird weiter gefüllt mit Konditionierungen, Ratschlägen, Drohungen, Strafen, Aufgaben, mit Konzepten, die von Eltern, Lehrern, Erziehern, Priestern, Politikern oder Freunden stammen, die es gut mit uns meinen. Der schwere Rucksack ist vollgepackt mit fremdem Gewicht, das wir nun zu schleppen haben. Und ein scheinbar unbarmherziger Gott wird auch noch draufgepackt. Einer, der uns nur mag, wenn wir brav und unbefleckt sind und die Zehn Gebote beachten. Schuldige Sünder müssen ins Fegefeuer!

Die Zehn Gebote sind übrigens nicht mehr ganz zeitgemäß und Moses müsste – würde er heute noch unter uns weilen – ganz andere Gebote aufstellen und deren Anzahl um ein Vielfaches erhöhen. Doch zwischen den Geboten hat der Klerus Grauzonen geschaffen, die es manchen Gläubigen und vor allem den Priestern selbst ermöglichen, die Strafen Gottes zu umgehen. Wenn ich mir nur das sechste Gebot in Erinnerung rufe und in diesem Kontext an den Unfug denke, den die katholische Kirche bei der Interpretierung der sogenannten „Unkeuschheit“ bis zum heutigen Tag treibt, dann könnte mir glatt übel werden. Hier legen die Vertreter des Klerus eine Scheinheiligkeit an den

Tag, die kaum zu überbieten ist. Als ich dreizehn war, fragte mich ein Pfarrer im Beichtstuhl doch tatsächlich, wie oft ich onaniert – also Unkeuschheit getrieben – hätte. Die völlig normale Entwicklung eines Jugendlichen, zu der natürlich auch die Entdeckung der Sexualität gehört, wurde durch die Kirche immer mit Sünde und Schuld behaftet. Gleichzeitig wurden homosexuelle Übergriffe von Geistlichen auf unschuldige Kinder stets unter den Teppich gekehrt. Das ist für mich der Gipfel der Unmoral! Unter diesem Teppich liegen übrigens auch die nach den strengen Gesetzen der Kirche „unerlaubt“ gezeugten Sprösslinge von Pfarrern.

Anderen „Unkeuschen“ verordnet man Buße – ich musste damals für zwei Mal onanieren fünf „Maria Mutter Gottes“ herunterbeten –, über die ungustiösen Auswüchse mancher Geistlicher wird aber seit Jahrzehnten geschwiegen. Diese Scheinmoral und das eisige Schweigen haben sich oft bis in den Beichtstuhl durchgeschummelt. In vielen Fällen wurden jugendlichen „Sündern“ von Tätern im Priestergewand für ihre sogenannten Verfehlungen Bußen auferlegt. Oft waren es sogar die Täter selbst, die ihren eigenen Opfern die Beichte abnahmen! So hat Gott das bestimmt nicht gemeint!

Es fühlt sich heute wie eine Erlösung aus der grausamen Falschheit an, wenn der Missbrauch von unzähligen Jugendlichen durch kirchliche Organe oder sogenannte Erzieher nun immer öfter aufgedeckt werden kann. Die plumpe Lüge, die jahrzehntelang heimlich unter dem Mantel erzieherischer Maßnahmen versteckt war, ist in unzähligen Fällen endlich an die Oberfläche geschwemmt worden. Reihenweise wurden Kinder geschlagen, missbraucht, oftmals brachial benutzt, um das gierige Verlangen der Peiniger zu befriedigen.

Ich selbst bin – elfjährig – zum Zeugen solcher Übergriffe geworden. Meine Internatserlebnisse haben mich Gott sei Dank nicht selbst zum unmittelbaren Opfer sexuellen Missbrauchs werden lassen, doch habe ich miterlebt, wie anderen Schulfreunden die zarte Haut der Kindheit brutal abgezogen wurde. Ich habe meine Erlebnisse vorhin in einem Brief an einen „Erzieher“ ausgedrückt. Gemütsoberflächen sind von verschiedener Beschaffenheit, daher haben nicht alle überlebt! Wie unerträglich muss es wohl gewesen sein, dass die missbrauchten Opfer oft mit den Tätern gemeinsam beim Gebet zu sitzen hatten.

Vor kurzem habe ich mit einem Schulfreund aus der gemeinsamen Internatszeit eine Plattform gegründet, um ehemaligen „Zöglingen“ zu helfen, ihre traumatischen Erlebnisse von damals aus dem schweren Rucksack, den sie teilweise über vierzig Jahre auf dem Rücken getragen haben, zu entfernen. Viele sind froh über diese späte Marscherleichterung.

Trotz der leidigen Erfahrungen eines Lebens in einem Internat ist mir eines geblieben: Ich bete gerne. Die Gebete, die uns in der Internatszeit oktroyiert worden waren, haben sich seither jedoch drastisch verändert. Sie haben sich zu sehr individuellen Gesprächen entwickelt, die immer spontan erfolgen und weder an irgendwelche Formeln noch an bestimmte Örtlichkeiten gebunden sind. Meine Gebete verstehen sich eher als Gefühlsausdrücke, die – meist aus Freude und Dankbarkeit – in einem spontanen Gespräch mit Gott münden. Es kommt dabei schon manchmal vor, dass ich einen Baum umarme oder mit dem Bächlein spreche, an dem ich viel Zeit verbringe. Gut, dass mich dabei niemand sieht. Spontaneität wird von vielen nämlich noch immer für verrückt gehalten, Formalität hingegen ist gesund und normal! In der Kirche heruntergeratterte Gebete haben eine Form, die nicht nur geduldet, sondern sogar erwünscht ist. Solche Gebete habe ich nach meinem Abgang aus dem Internat aus meinem persönlichen Rucksack entfernt, für die Erleichterung dieser Last bin ich dankbar.

Da bin ich doch gerne ein bisschen außerhalb der Formalität und ver - rückt! Und wenn ich hier schreibe „ich“ bin verrückt, dann ist das gemeint, was aussieht, wie mein „ich“.

Vom „ich“ zum Selbst …

Wenn ein Baby zur Welt kommt, gibt es zunächst kein *Ich*. Alles ist perfekt. Wenn wir uns Kleinkinder näher anschauen, dann ist zu erkennen, dass diese noch nicht in einer *Ich*-Form leben. „Maxi hat Hunger“, „Susi muss lulu“, sagen sie über sich selbst! Das Ego liegt noch brach und wird erst durch das Eingreifen der Eltern und deren Erziehung wachgerüttelt. *Sie* sind es nun, die den Kleinen in erster Linie „beibringen“, was richtig ist und was falsch. Dazu gesellen sich Geschwister, Freunde, Lehrer, die verschiedenen Priester, die Gesellschaft, die Politik. Alle zusammen formen die Kleinen, geben ihnen entscheidende Ratschläge, stülpen ihre eigenen Konzepte über sie und sind interessiert, dass einmal „was Besonderes“ aus ihnen wird. Reich oder berühmt müssen die Kleinen einmal werden! Nur „einfach“ dürfen sie nicht bleiben. Einfach – das ist nicht gut genug! Dabei sind wir doch alle *einfach* zur Welt gekommen. *Einfach* zu sein und im *Jetzt* zu sein, das würde reichen. Die ganze Welt würde viel besser funktionieren, wären wir nur *jetzt einfach* und müssten nicht immer *später* etwas Besonderes werden!

In der Zeit der frühen Entwicklung wird also den Kleinen die Einfachheit und somit das *Selbst* genommen. Natürlich macht niemand das absichtlich, die Eltern und die Gesellschaft haben es ja selbst auch nicht anders gelernt und sind zu dem geworden, was sie nun sind. Nämlich auch nicht *sie selbst*! Im Kleinkindalter setzt also die Entfremdung ein. Von da an ist der Mensch nie mehr der, der er wirklich ist. Er hat diese Welt ohne Namen und völlig unkonditioniert betreten. Nun wurde er zu einem lebendigen Gebilde verformt, das sich aus Meinungen, Neigungen, Einstellungen, Standpunkten, Ansichten von *anderen* zusammensetzt. Daraus entstehen eine politische Einstellung, meistens eine religiöse Zugehörigkeit, die Anlage der kompletten Psyche, all das – aufgesetzt von anderen! Wer weiß, vielleicht wird der Kleine einmal Präsident oder ein neuer Bill Gates! Irgendetwas wird er schon werden auf Grund des für ihn entwickelten Programms, das jedenfalls nie *sein eigenes* war und ist. Und so ist – mit wenigen Ausnahmen – niemand mehr auf diesem Planeten *er selbst*! Alle laufen mit Konzepten von anderen herum! Also wäre es wohl das Beste, den Rucksack zu erleichtern und all das fremde Gewicht zu entsorgen.

Seit unserer Geburt in diese Welt sind wir automatisch etwas Besonderes und brauchen das ergo nicht erst zu werden. Wir können gar nicht *werden,* was wir ohnehin schon sind! Kein Wesen auf diesem Planeten gibt es zweimal. Daher liegt auch kein Sinn darin, dass jemand so werden möchte, wie jemand anderer schon ist. Ein berühmter Musiker oder Maler oder Politiker oder was auch immer. Hören wir doch auf, jemand anders sein zu wollen oder andere zu imitieren. Keine Kopie hat jemals ihr Original erreicht. Das haben schon so viele versucht, niemandem ist es bisher gelungen und das wird auch immer so bleiben.

Ich habe Menschen erlebt, die sich selbst für einen Ehrenpreis vorgeschlagen und es dann sichtlich genossen haben, in den Medien als verdiente Persönlichkeit geehrt worden zu sein. Solche Menschen haben dann auch noch die Gabe, ihre Nominierung mit feinster Schauspielerqualität erstaunt und stolz zur Schau zu stellen. Die ganze Ehre nur dafür, dass man sich selbst nicht genügt! Ich kenne

Menschen, die sich kraft ihrer wunderbaren politischen Beziehungen für Posten bewerben und die sogenannten „Objektivierungen“ haushoch gewinnen, obwohl sie für die Posten nicht annähernd so gut qualifiziert sind wie die, die sie bei der „Objektivierung“ ausstechen. Ihre Besetzung bedeutet oft nur, dass sie am ehrgeizigsten und am profilierungsgeilsten waren – mehr nicht! Ehrgeizige brauchen eine Hierarchie – worin und wohin sollen sie sonst klettern?

All diese Wettläufe und Versuche, „etwas Besseres“ zu werden, sind auf die Tatsache zurückzuführen, dass Menschen sich, so wie sie sind, nicht genügen und sich ihrer selbst auch nicht sicher sind. Das Einzige, dessen wir uns wirklich sicher sein können, ist die Tatsache, dass wir existieren! Sich selbst zu akzeptieren, sich selbst zu genügen, mit sich selbst in Frieden zu sein, warum ist das so schwer? *Besonders* – das sind wir schon immer gewesen. Wer das wirklich von sich selbst weiß, der ist voll und ganz bei sich und braucht den ganzen Lärm um gegenseitige Bestätigung nicht mehr. Er ist bewusst und weiß auch, welche Kraft im stillen Sein liegt.

„Das Große ist nicht, dies oder das zu sein, sondern man selbst zu sein.“

Sören Kierkegaard (*Der Schlüssel zur Gelassenheit* – Hrsg. Margit Hoffmann)

Stille und Bewusstheit beenden auch das gegenseitige Betteln „normaler“ Menschen um gegenseitige Anerkennung: „Ich liebe dich, du bist so schön, so toll, so intelligent!“ Jetzt ist der andere dran: „Ja, du auch!“ Dieses zwischenmenschliche Ego-Spiel läuft schon seit ewigen Zeiten. Die Bewusstheit, dass wir ohnehin schon alles sind, nämlich so wie wir sind, verdrängt das Ego und führt uns schließlich zu uns selbst. Vorbei ist das Spiel der Lügen und Intrigen, das Spiel des Bettelns um gegenseitige Anerkennung. Endlich aufgewacht!

Erwachen …

Das *Erwachen* wird oft als Moment beschrieben, von dem an alles wundersam und perfekt ist. Ich meine, dass es hier wohl nur um einen Prozess gehen kann, der beim *Wissen* um die absolute Wahrheit endet. Deshalb ist das Erwachen für mich eher ein Verstehen, vielleicht ein endgültiges Verstehen.

Ich glaube, dass die sogenannte Erleuchtung nicht vordringlich damit zu tun hat, dass plötzlich Leid und Schmerz überwunden sind – nein, für mich bedeutet es, dass die Ursachen und das Vorhandensein von Leid und Schmerz völlig verstanden sind. Es geht nicht darum, Leid aktiv überwinden zu wollen, denn das würde ja wieder nur bedeuten, sich zu verstricken, sich zu involvieren und gegen etwas anzukämpfen, nämlich gegen das Leid. Nein, das Erkennen und Verstehen der gesamten Leidensgeschichte ist es, was jemanden langsam aus dem Tiefschlaf erwachen lässt.

Den Verlauf zum Erwachen muss man sich nicht gleich von Engelschören und Himmelsposaunen oder von tausend Sonnen begleitet vorstellen. Vielmehr wird es eine sehr individuelle Erfahrung sein, die durchaus auch unspektakulär sein kann. Ein ganz tief innen liegendes Verständnis für alles reicht aus, um aus dem „Lebensschlaf" zu erwachen. Dieses Verständnis wird einsetzen, wann immer es für uns bestimmt ist. Den Zeitpunkt kann sich niemand aussuchen. Deswegen meine ich, dass genau die schnellstmögliche und krampfhafte Suche nach der sogenannten Erleuchtung oder nach dem ewigen Glück das größte Hindernis auf dem Weg dorthin ist. Niemand kann sein Erwachen durch *Tun* erzwingen, doch ist der ernsthaft aufkommende Wunsch, den Weg nach innen antreten zu wollen, ein untrügliches Zeichen für den „Weg nach Hause". Wer genau hinsieht, wer überprüft und nicht einfach nachplappert, wer darauf eingestellt ist, die ersten Etappen der Strecke intellektuell erfassen zu müssen, wer akzeptiert, dass der Weg genau so lange dauert, wie er eben dauert, der hat die richtige Richtung eingeschlagen. Über die Zeitspanne bis zum „Erwachen“ haben wir alle keine Kontrolle.

„Wen kümmert’s?“, meint dazu Ramesh Balsekar in seinem gleichnamigen Buch und drückt damit das Aufgeben, die Kapitulation vor dem Unbegreifbaren, vor Gott, aus.

Die vielen Wortspenden über Blitz- und Lichtereignisse und anderes mehr sind wirklich nur als Worte von Berichterstattern zu deuten, die *ihre* Erfahrungen zum Erwachen beschreiben wollen. Worte sind bestenfalls als Wegweiser zu verstehen, die uns die Richtung anzeigen.

Kiran, ein indischer Weisheitslehrer, bringt diese Tatsache auf den Punkt. Er saß mit zahlreichen anderen Schülern viele Jahre bei seinem Meister Osho. Dieser hatte immer wieder von seiner Erleuchtungs-Erfahrung erzählt und dabei auf strahlende Lichtereignisse hingewiesen. Nun warteten viele Schüler – auch Kiran –, dass sich nach so langem Meditieren endlich auch bei ihnen die Lichtblitze einstellen sollten, doch sie kamen einfach nicht daher! Viele Jahre später lachte Kiran darüber – er hatte schließlich selbst erfahren, dass Oshos Weg und die beschriebenen Erscheinungen eben nur für Osho selbst Gültigkeit hatten. Erst als das erkannt war, konnte er seinen eigenen Weg finden und ihm bis zum Ende folgen.

Jeder sollte seinem Weg folgen, das Ganze ist ein Prozess. Das für sich selbst herauszufinden, ist eine der wichtigsten Erkenntnisse. Ich habe dem Prozess, der für *mich* bestimmt war, vertraut und zunächst alle Aussagen von anderen überprüft! Robert Adams, Ramana Maharshi, Ramesh Balsekar, Nisargadatta Maharaj und Amrita sind auf meinem Weg meisterhafte Begleiter, die mir über Jahre das geschenkt haben, was für mein Selbstverständnis gerade relevant war. Natürlich sind das alles Konzepte – auch das, was ich hier erzähle, ist allein schon durch das gesprochene oder geschriebene Wort ein Konzept. Aber durch das Abstimmen und Anerkennen dieser Konzepte durfte ich sukzessive eine Wahrheit erfahren, die in dieser einzigartigen Entwicklungsweise wohl nur für mich bestimmt war und die mir nach und nach den inneren Frieden beschert hat, für den ich so dankbar bin. Heute weiß ich, dass es keinen falschen Schritt gab, denn jeder Schritt ergibt sich in wunderbarer Weise – ob scheinbar richtig oder falsch – und ist Teil des individuellen Entwicklungs-Puzzles. Auf meinem Weg zum inneren Frieden gab es jede Menge selbst erlebte Erfahrungen, die ich natürlich gerne weitergebe, doch ob sie genau in der von mir erlebten Art auch jemand anderem eine Hilfe sein werden, bleibt offen. Es gibt gleich viele Wege, wie es Wesen gibt, die sich auf Suche begeben haben. Deshalb kann ich nur sagen: Wenn ein spiritueller Meister oder ein Priester dich auf deinem Weg begleiten soll, dann wird dein Herz ihn erkennen. Du wirst mit ihm gehen, solange dein Herz zustimmt. Wann und ob der gemeinsame Weg vorbei sein soll, das wird dir auch dein Herz sagen. Aber warum sollten wir nach immer anderen Meistern suchen? Wir wissen, wie wir „von uns weggehen", aber wir wissen nicht, wie wir „bei uns bleiben"! Der Hauptgrund dafür ist, dass wir uns nicht akzeptieren. Derjenige, der dir zeigt, bei dir zu bleiben, ist der wahre Meister! Du wirst es von selbst erkennen und danach handeln. Ich habe diesem Prozess vertraut und so meinen eigenen Weg gefunden. Ich habe niemandem Glauben geschenkt, bis ich selbst sicher war, wo meine Spur ist. Dieser Spur bin ich gefolgt. An etwas nur zu glauben – das hätte mir nicht gereicht! Der Glauben ist als solcher eher hinderlich. Um welchen Glauben es sich auch handeln mag, er möchte uns in die „richtige" Richtung denken und lenken. Die Frage nach „richtig" und „falsch" ist aber völlig gegenstandslos. „Richtig" und „falsch" sind das sicherste Zeichen der

Dualität. Es gibt weder „richtig“ noch „falsch“, welcher Glauben könnte da also der „richtige“ sein? Gibt es Beweise für richtig oder falsch?

Ich möchte an dieser Stelle anmerken, dass ich mit meinen Ausführungen weder Advaita noch wissenschaftlichen Wahrheiten das Wort zu reden gedenke. Nein, ich suche für nichts Beweise, ich schildere einfach nur, was ich selbst erfahren habe. Mir geht es nicht um irgendwelche Beweise, auch bin ich kein Forscher, der die Dogmen verschiedener Glaubensgemeinschaften studiert. Das ganze Buch ist einfach nur ein Bericht meiner individuellen Erfahrungen und kann keineswegs als Leitfaden für ein anderes Individuum herangezogen werden. Ich frage mich nicht, ob an meiner Erfahrung etwas falsch oder richtig ist. Auch liegt wahrscheinlich nichts Nachvollziehbares darin. Aber es sind eigene Erfahrungen, über die ich spreche – und das macht sie echt!

Dass ich mit Worten das wirklich Essenzielle nicht auszudrücken vermag, liegt meiner Meinung nach an der Natur des „Unbegreiflichen“ per se. Nicht *wirklich* beschreiben zu können, bedeutet für mich, ich schreibe da über etwas, das sich – um Worte zu gebrauchen – nicht be-greifen lässt. Daher lässt es sich auch nicht beweisen. Meine Ausführungen haben also nichts mit einem Wissen im Sinne von etwas Erlernbarem zu tun. Eher handelt es sich um Nichtwissen. Ganz genau handelt es sich um das Wissen über das Nichtwissen – um Sokrates noch einmal zu strapazieren.

Das sogenannte „Erwachen“ kann daher wohl nicht das Ende eines spirituellen Weges sein, sondern sein Anfang.

Zweifel und natürliche Intelligenz

Das Leben folgt uns nicht, im Gegenteil – wir müssen dem Leben folgen! Dem Leben ungern zu folgen, bedeutet Leiden. Das Leben zu akzeptieren, bedeutet, im Ursprung zu sein. Jeder von uns muss sterben wie Jesus, Buddha oder Ramana Maharshi – es stirbt sich aber wesentlich leichter, wenn man *weiß*, dass der Tod, der bis jetzt als „worst case" betrachtet wurde, nur ein natürliches Verschwinden bedeutet. Was geboren wird, muss logischerweise auch sterben. Das ist einfach so und kann durch niemanden geändert werden.

Religionsgemeinschaften – welcher Herkunft auch immer – verschieben die offenen Fragen meistens auf die Zeit nach dem Tod, auf jenseits. Außerdem müssen gewisse Regeln eingehalten und vorgegebene Grundsätze geglaubt werden, um Gott jemals erreichen zu können. Daraus folgt, dass Gott außerhalb oder oberhalb von uns selbst sein muss – also getrennt. Glauben trennt uns in Wahrheit von Gott.

Beim genauen Hinschauen ergibt sich für mich jedoch die Tatsache, dass Gott nicht von uns getrennt sein kann! Es ist vielleicht einiger Mut aufzubringen, um die aufgestellten Dogmen von den Priestern aller Religionen einmal anzuzweifeln, aber der Mut lohnt sich. All die Priester sind nämlich von einem einzigen Konzept abhängig, und dieses Konzept heißt *Gott*. Wo stünden der Papst und all die Bischöfe ohne Gott? Die Priester der verschiedenen Religionen verschafften sich mit der Anwendung ihrer Schriften über den jeweils gültigen Gott seit je her ein Machtpotenzial. Könnte jemand beweisen, dass es keinen Gott gibt, würden sie alle mit leeren Händen dastehen. Entmachtet. Doch alle Religionen der Welt haben keinen einzigen Beweis *für* Gott! Niemand hat ihn je gesehen. Wie schon berichtet, soll Paulus gesagt haben: „Nicht ich lebe, sondern Christus lebt in mir." Ich denke eher, dass dies noch nicht als *Beweis* für ein Sehen Gottes dienen kann. Eher war das eine sehr individuelle Erfahrung durch Paulus. Doch reicht sie aus, um sie als sicheres Faktum weiterzureichen an die folgenden Generationen? Wer von den nächsten Überlieferern kann sich persönlich auf das berufen, was Paulus erfahren hat? Die Überlieferer können nichts selbst Erfahrenes weitergeben, sondern sich maximal auf etwas beziehen, das sie gehört haben – quasi etwas Geborgtes!

Die Göttlichkeit muss wohl überall sein, sonst würde es sich um keine Göttlichkeit handeln, deshalb sollte darüber auch jedes Individuum seine eigene Erfahrung machen dürfen. Nur die eigenen Erfahrungen entsprechen der Wahrheit. Gott ist überall. Gott ist das Ganze, das in jeder Ritze des Universums gefunden werden kann. Ich habe selbst einmal einen überwältigenden Eindruck über den Strom der göttlichen Quelle erlebt. Diese Selbsterfahrung hat nur für mich selbst Gültigkeit. Ich betone noch einmal, dass auch alle anderen Erfahrungen, die ich beschrieben habe, ausschließlich für mich gültig sind. Niemand sollte mir einfach nur glauben. Meine intensive Begegnung mit Ramesh Balsekar kann daher höchstens als Hinweis auf Ramesh verstanden werden. Wer sich auf Grund meiner Erfahrung für Ramesh zu interessieren beginnt, wird wohl selbst auf diesem Weg weitergehen – wohin auch immer er führt.

Im Unterschied zum trennenden Glauben und zur nachgeahmten Anbetung Gottes führt *Verstehen aus der eigenen Erfahrung heraus* zusammen. Daher sollten die Menschen *verstehen* lernen, woher sie kommen, wohin sie gehen. Durch diesen Lernweg entstehen natürlich Zweifel. Zweifel ist auf diesem Weg das positivste Element, das man sich nur vorstellen kann. Genau hinsehen, überprüfen, Beweise suchen, das bringt Klarheit!

Zweifel lässt uns hineinhören bis in unser Innerstes. Wenn man alles anzweifelt und auf Grund des Zweifels alles, an was man bisher glaubte, losgelassen hat, dann erscheint die Wirklichkeit vor Augen! Diese Variante ist jedenfalls authentisch – im Gegensatz zu oftmals unvollständig oder gar falsch überlieferten Wahrheiten. So entstehen dann Gläubige, die sich an geborgte Wahrheiten anlehnen und ihre „Rettung“ oft durch Gebete erhoffen. Ich frage mich, vor was sie wohl gerettet werden möchten.

Die Glaubensgemeinschaften bieten vorfabrizierte Gebete an, die seit Jahrhunderten gleich lauten, überliefert wurden und vielfach nur heruntergeleiert werden. Ein „Privatgespräch“ mit Gott ist nicht weniger Wert als das „Vater Unser“, nur weil dieses Sonntag für Sonntag in den Kirchen „gebetet“ wird. In den Kirchen sitzen auch viele Scheinheilige, die glauben, sich in einer Stunde mit ein bisschen Aufmerksamkeit und Teilnahme frei von „Schuld“ machen zu können. Wenn die nur wüssten, dass sie an gar nichts schuld sind! Ich denke, wenn sie es wüssten, dann würden viele von ihnen nicht mehr in der Kirche sitzen! Was sollen wir verbrochen haben, um durch Gebete Rettung erbitten zu müssen? Das ist das Spiel mit der Angst! Wenn der Mensch seiner innewohnenden natürlichen Intelligenz folgen würde, hätte die Angst keinen Platz auf unserem Planeten. Um diese natürliche Intelligenz ein wenig zu beleuchten, möchte ich den Begriff *Buddha* einmal strapazieren, ohne selbst eine Vorliebe für den Buddhismus zu haben, weil er in meinen Augen eben auch ein „ismus“ ist. Die Erklärung für das Wort Buddha heißt „erwachte Intelligenz“. Der Wortstamm „budh“ bedeutet auch „wach sein“, „aufmerksam werden“, „verstehen, was ist“ oder zu guter Letzt „ergründen“. Allein das Wort „Buddha“ scheint also eine verbale Verbindung mit der Wirklichkeit herzustellen.

Natürlich setzt das Erkennen dieser Wirklichkeit eine gewisse Reife voraus, die viel mit Akzeptieren und Verstehen zu tun hat. Zu verstehen bedeutet *intelligent zu sein*. Wahre Intelligenz ist die Fähigkeit, in der Gegenwart zu sein. Je mehr man sich in der Vergangenheit und Zukunft aufhält, desto weniger intelligent ist das. Intelligenz bedeutet *jetzt hier* zu sein, in diesem Moment und nirgendwo anders! Zu wissen, wie die Hauptstadt von Honduras heißt oder wie lang der drittgrößte Fluss der Welt ist, hat im Wesentlichen nichts mit Intelligenz zu tun. Natürlich wird es nicht von Nachteil sein, wenn man über eine umfassende Allgemeinbildung verfügt und viel „weiß". Mit wahrer Intelligenz hat das aber nur am Rande zu tun. Intelligent ist, wer im Moment ist, wer die einzigartige Kraft des *Jetzt* erkennt. Ein Leben besteht nun einmal aus lauter aneinander gereihten Momenten – jeder davon ist ein *Jetzt*. Daher findet irgendwann im Leben der Moment statt, in dem du dich vielleicht in einen anderen Menschen verliebst oder in dem vielleicht ein Arzt feststellt, dass du schwer krank bist oder in dem du vielleicht beschließt, etwas Außerordentliches zu erwerben, mag es nun ein Haus sein oder ein Auto oder irgendein anderes Ding – du erwartest jedenfalls von all diesen Dingen, dass sie dich glücklich machen oder in dem du vielleicht jemanden triffst, den du „Freund" nennst oder in dem dir die zündende Idee kommt, durch die du ein lukratives Geschäft aufbauen wirst oder einen zukunftsträchtigen Job bekommst, der dein weiteres Leben bestimmen wird oder, oder …

In jedem dieser Momente – und davon gibt es unzählige, das ganze Leben besteht aus solchen Momenten – malt man sich normalerweise die Zukunft aus, die diesem Moment folgen wird. Später erst, in einem anderen Moment, der wieder nur im *Jetzt* stattfinden kann, muss man oft zur Kenntnis nehmen, dass dieses ewige Spiel „Rechnung ohne Wirt" heißt. Erst viel später – und jeder kann dieses Phänomen einmal ganz genau betrachten – kommt der Zeitpunkt, an dem man nachzudenken beginnt, ob die Erwartungen, Wünsche, Ziele auch genauso in Erfüllung gegangen sind, wie man sich das ausgemalt hat – damals, in dem einen Moment!

Wie war nach einem Rückblick – einige Jahre später – die Konsequenz all der damals gehegten Wünsche? Was ist jetzt in diesem Moment mit dem Menschen, in den du dich in einem früheren Moment verliebt hast? Was ist aus der Krankheit geworden, die ein Arzt festgestellt hat? Bist du jetzt glücklich mit dem Haus, dem Auto, all den Dingen, die du dir in einem früheren Moment so sehnlich gewünscht hast? Wie ist jetzt die Beziehung zu jemandem, den du „Freund" nanntest? Was wurde aus dem Geschäft, aus dem gewünschten Job, von dem du einst erwartet hast, dass er dein Leben verändern sollte?

Im Laufe eines Lebens, meistens aber erst, wenn wir oft genug gegen die sprichwörtliche Mauer gelaufen sind und uns die Nase blutig geschlagen haben, entsteht bei vielen Menschen die Frage, warum die Konsequenzen oft nicht mit den vorgefassten Wünschen übereinstimmten. Alles Suchen und Lernen, alles Wissen und Streben hat die meisten nicht weiter gebracht. Wie gesagt: Das Leben folgt uns nicht, im Gegenteil – wir müssen dem Leben folgen! Erst das Loslassen und das Reduzieren von Gedanken, das Beenden vom Ausmalen der Zukunft führen uns in die Richtung, in der die Wahrheit verborgen ist.

Loslassen führt meistens in einen Zustand, den unser Ego gar nicht gern zulässt, weil es sich darin nicht wohlfühlt. In die Stille und zum inneren Frieden! Stille vermag mehr zu erzählen als alle Worte, sie führt nach innen, dorthin, wo wirklich die Antworten liegen. Das persönliche *Ich* weicht zurück. Es entsteht ein reifes Verstehen, etwas Friedliches, danach geht das Leben nicht mehr wie früher weiter. In diese Stille und in diesen Frieden zu kommen – heraus aus dem Getriebe der Gesellschaft, heraus aus dem Strom der Menschen, die in Massen an der Oberfläche schwimmen und genau daran leiden –, das bedeutet, einer natürlichen Intelligenz zu folgen. Welch Geschenk!

Innerer Frieden statt Glückseligkeit

Der innere Frieden ist also letztlich eine Folge der Aufgabe des Kampfes um ein glücklicheres Leben. Nicht die ewig anhaltende Glückseligkeit ist es, die wir so krampfhaft suchen sollten. Vielmehr ist es der innere Frieden, der dieses Glücksgefühl automatisch in sich birgt. Glück bindet uns immer mit unerfüllbaren Bedingungen an sich. Glücklich sind die meisten erst, wenn die Begierden gestillt sind, wenn sie endlich genug Geld besitzen, um sich nicht mehr unsicher zu fühlen. Wenn jemand nach Geld strebt, wird er – wie schon beschrieben – niemals genug davon haben! Glücklich wähnen sich die meisten auch, wenn sie sich endlich in der „perfekten Beziehung für immer" befinden, die keine weiteren Wünsche mehr offen lässt. Glücklich sind die meisten Menschen, wenn sie sich darüber hinaus noch geliebt und beschützt fühlen. Dazu braucht es aber immer jemanden anderen, der liebt, der beschützt. Dazu braucht es einen Partner, der genau das erfüllen soll, was einem selbst zum großen Glück fehlt. Und das erwähnte Geld wäre auch noch wichtig. Das sind zu viele äußere Faktoren, die letztlich nur äußere Abhängigkeiten erzeugen.

Innerer Frieden macht im Gegensatz zur sogenannten Glückseligkeit unabhängig von anderen Faktoren. Zäumen wir das Pferd von der richtigen Seite auf! Nicht Geld und der richtige Partner und Macht und Position ergeben irgendwann den ersehnten inneren Frieden, sondern es ist genau umgekehrt: Innerer Frieden braucht all die eben angeführten Faktoren nicht mehr! Das klingt vielleicht sogar ein wenig langweilig. Daher kann das Ego in allen Körper-

Geist-Figuren mit dem inneren Frieden nicht viel anfangen. Das Ego oder der Verstand möchte lieber *glücklich* sein. Das ist doch sein Kardinalanliegen. Das ist der Kern. Zuerst streben wir nach Karriere. In der erreichten Machtposition lässt sich nebenbei auch das nötige Geld verdienen, das gebraucht wird, um endlich, endlich *unabhängig* zu sein. Und selig vor Glück! So beißt sich der ständig im Kreis drehende Hund in den eigenen Schwanz.

Innerer Friede bedeutet ganz etwas anderes. Dieser innere Friede impliziert nämlich, dass gar keine Wünsche mehr da sind. Nur so kann Frieden überhaupt entstehen!

Glück ist sehr vergänglich – so vergänglich wie wir selbst!

Vergänglichkeit (in Indien …)

Wenn man das Wort „Vergänglichkeit" einmal näher betrachtet, dann spürt man, wie schnell eine Körper-Geist-Figur sich verändert und schließlich vergeht und endet.

Wenn ich mir heute zum Beispiel den alten Korbsessel in meinem Badezimmer anschaue, dann muss ich erkennen, dass meine Mutter vor mehr als vierzig Jahren genau in diesem Korbsessel gestorben ist. Das war 1971 – wo sind all diese Jahre geblieben? Es ist, als wäre es ein Traum gewesen, als wäre alles ein Traum, was bisher passiert ist. Wenn man zurückblickt auf vergangene Erlebnisse, dann glaubt man oft zu träumen.

Das Wort *Traum* ist vielleicht nur ein Wort, das auf die Vergänglichkeit des sogenannten „Lebens" hinweist. In Indien sagt man, dass *diese Existenz hier* unwirklich sei. Es handelt sich bei dieser Erkenntnis um etwas Formloses. Da entsteht etwas Neues – es weist darauf hin, dass alles bisher Bekannte, was wir immer als „Leben" bezeichnen, vergänglich ist. Sogar Olympiasieger sterben. Häuser werden irgendwann zu Ruinen – all das zu erkennen, bedeutet, tief eingetaucht zu sein in eine Form, für die es kein Wort gibt. Man könnte es natürlich *Gott* oder *Alles ist Bewusstsein* nennen.

Die in unserer Gesellschaft weit verbreitete Oberflächlichkeit verleitet uns dazu, die Vergänglichkeit zu übersehen. Man muss genauer hinsehen, um sie zu erkennen. Ältere Menschen oder beispielsweise Behinderte werden im Westen in eigens für sie vorgesehenen Häusern untergebracht, damit die dynamische Gesellschaft sie nicht zu Gesicht bekommt. In Indien hingegen kann man alte, kranke, behinderte Menschen überall sehen – man sieht die Armut. Dadurch wird man sich der Vergänglichkeit bewusst. Diese Vergänglichkeit ist in Indien Teil der Gesellschaft – man spürt sie täglich – zwischen Menschen und Müllbergen sitzt sie direkt auf der Straße und bewegt sich bedächtig vor der Kulisse der schönen Landschaft. Völker in diesem Erdteil sind empfänglicher für das Erkennen der Vergänglichkeit. Viele Menschen fahren nicht nach Indien, weil sie sich mit Armut, Schmutz, Krankheit und Tod nicht konfrontieren wollen. Die Sicht dieser Tatsachen würde Besuchern die eigene Vergänglichkeit aufzeigen – wer will das schon? Dieser Vergänglichkeit begegnet man in Indien tatsächlich täglich!

Schon als Jugendlicher hatte ich immer davon geträumt, einmal in Indien zu sein. Erst 2008 wurde dieser Traum Wirklichkeit und noch viel mehr als das. Ich bin heute froh, dass ich nicht früher nach Indien gekommen bin, denn möglicherweise hätte ich völlig falsche Eindrücke gesammelt. Der Zeitpunkt passte nun perfekt, meine spirituelle Reise wurde um die Destination Indien erweitert. Die Reise zu den Wirkungsstätten eines Ramana Maharshi oder Nisargadatta Maharaj waren ein beeindruckendes Erlebnis und räumten gleichzeitig noch manch vorhandenes Hindernis aus dem Weg und machten ihn frei zum Verstehen …

Meister Arunachala

Der Berg Arunachala bei Tiruvannamalai in der Provinz Tamil Nadu, Indien

Der Arunachala gilt als spiritueller „Meister" des großen Sri Ramana Maharshi. Es muss nicht immer ein Guru mit menschlichem Körper und Verstand sein, der Suchenden den Weg aus der Dunkelheit ins Licht weist. Im Falle Ramana Maharshis war es der Berg Arunachala, an dessen Fuße die Stadt Tiruvannamalai in der Provinz Tamil Nadu, im Süden Indiens, liegt.

Der Berg zog Ramana Maharshi (1879–1950) bereits mit 16 Jahren so in seinen Bann, dass er hierher zog und bis Mitte Dezember des Jahres 1922 in verschiedenen Höhlen in Stille saß. Von da an bis zu seinem Tode am 14. April 1950, lebte er am Fuße des Berges. Sri Ramana Maharshi verehrte den Arunachala als höchstes Bewusstsein. Nach den vielen Schweigejahren konnte er schließlich nach und nach von Schülern zum Sprechen überredet werden. Obwohl er nie behauptete, ein spiritueller Meister zu sein, erlebten und erleben seine Schüler damals wie heute seine lebendige und intensive Führung. Zu seinen Besuchern gehörten neben unzähligen Suchenden auch große Persönlichkeiten wie Paramahansa Yogananda, zu seinen Verehrern sogar Mahatma Ghandi. Zu seinen namhaftesten Schülern zählten H. W. L. Poonja (Papaji) und Robert Adams.

Ramana blieb dem Berg bis zu seinem Tode treu und lebte ab 1922 im Ashram, der noch heute seinen Namen trägt und der im gleichen Jahr am Fuße des Arunachala errichtet wurde und in den folgenden Jahren ständig anwuchs. Bis zum heutigen Tag ist der Ramana-Ashram in Tiruvannamalai ein viel besuchtes spirituelles Zentrum, in dem übrigens täglich ein Gratisessen für arme Menschen ausgegeben wird (11,00 A.M – Narayana Seva – Poor feeding).

Ingo's Saturday Nite Bazar, Goa

Arunachala

Im Jänner 2008, als ich mit meinem Freund Erwin für einige Tage in Tiruvannamalai weilte, bestiegen wir gemeinsam den Arunachala und in einer Vollmondnacht umrundeten wir ihn – einem traditionellen Ritual folgend. Wir saßen stundenlang in Stille im Ramana Ashram und beobachteten die Devotees bei ihren spirituellen Zeremonien, die Ramana zu Ehren täglich begangen werden.

Sri Ramana Maharshi

Es war ein tiefgreifendes Erlebnis, auf den Spuren des großen Meisters zu wandeln. Natürlich entstand hier in den letzten Jahren ein „Spiritual-Tourismus“ und die rötlichen Vulkansteine des Arunachala sind heute ein begehrtes Souvenir für westliche Touristen.

Umso mehr beeindruckte mich Erwin, als er während des Aufstiegs zum Gipfel plötzlich in seinen Rucksack griff und einige wunderschöne Bergkristalle herauszog. Zwei davon schenkte er mir mit der Bemerkung: „Einer ist zum Aufladen mit dieser besonderen Energie des Berges und dann zum Mitnehmen, damit wir diese Energie auch zu Hause spüren können. Der zweite versteht sich als Tauschobjekt für einen rötlichen Stein von hier. So nehmen wir dem Arunachala nichts weg, sondern schenken ihm einen schönen Bergkristall für einen seiner Lavasteine!“

Welch wunderschöne Geste, dachte ich mir und mit stiller Begeisterung lud ich auf und tauschte aus. Das ist der Gegenpol zum Tourismus. Das ist eben der spirituelle „Onkel“ Erwin!

Erwin

„Tiru“ ...

Die Stadt Tiruvannamalai liegt im südindischen Bundesstaat Tamil Nadu, zählt etwa 150.000 Einwohner und liegt am Rande der Talebene des Flusses Ponnaiyar am Fuße des Berges Arunachala. Wir fühlten uns vom ersten Moment an angezogen von der Magie des Arunachala, der in seiner ganzen Herrlichkeit dasteht und Ramana auf jedem Quadratzentimeter darbietet. Zum einen eingehüllt in stiller Betrachtung und zum anderen berührt vom huldvollen Treiben im Ramana-Ashram vergingen die Tage, ohne dass wir eine Minute planen mussten. Ein *guide* erwartete uns direkt hinter dem Ashram und führte uns um den Berg. Die Sanskrit-Bezeichnung dieser Pilgerreise heißt *giri pradakshina.* Die Umrundung wird im Uhrzeigersinn vollzogen und von jedem Besucher gerne absolviert – die meisten kommen deswegen hierher. Wir schwammen nicht mit im Strom der über Hunderttausend, die den Arunachala in dieser Vollmondnacht umrundeten. Wir gingen zu dritt den sogenannten *inneren Weg* über Stock und Stein und spürten eine wundersame Kraft, die sich im Mondlicht auf unsere nackten Oberkörper übertrug. Einige Stunden waren wir schweigend unterwegs und erlebten dabei die Tiefenwirkung der Umwanderung. Mag sein, dass viele Menschen auf dem Jakobsweg den Schlüssel zu einer Umkehr in ihrem Leben finden. Ich fand im Gehen, im Rasten, in der Stille, in den einsilbigen Gesprächen mit Erwin eine tiefe Bestätigung für die Umkehr in meinem.

Zum Abschluss der Umrundung des heiligen Berges landeten wir im Getümmel der spirituellen Sucher in den Straßen, die uns noch kilometerweit durch die Stadt Tiruvannamalai führten, und beendeten unsere Wanderung mit all den Pilgern schließlich vor den Toren des Ramana-Ashrams. Jetzt meldeten sich Müdigkeit, Hunger und Durst. Doch die letzte Stunde in den Straßen von Tiru hatte Aufschluss gegeben über Leben und Tod in Indien, über die vorher beschriebene Vergänglichkeit.

Blick vom Arunachala auf den
Arunachaleswara-Tempel

Wenn ich an Tiru denke, dann klingt in meinen Ohren die Musik von Krishna Das, der in seinen Mantras mit sonorer Stimme den Ton anschlägt, der die Verbindung zwischen Leben und Tod herstellt. Krishna Das wirkt in seinen chants wie ein lebendes Harmonium.

Das ist Musik …

Lieber Jimi Hendrix,

als junger Mensch habe ich mich in die Musik der 60er Jahre verliebt. Ich habe Deine Songs und die der Beatles, Stones, Kinks, Small Faces förmlich eingesaugt. Genau genommen ist das noch nicht allzu lange her. Wenn ich mir aber heute Videos von Dir oder diesen Bands ansehe oder Eure Musik höre, die übrigens noch immer teuflisch gut klingt, dann mache ich mir manchmal Gedanken darüber, dass viele von Euch schon lange nicht mehr am Leben sind. Pfft! Verflogen.

Mag sein, dass Eure Musik noch für einige Jahre oder Jahrzehnte oder sogar Jahrhunderte in Erinnerung bleiben wird, danach aber werden die sogenannten Legenden in Vergessenheit geraten. Woodstock – das ist über vierzig Jahre her, wer von den Jungen kennt Dich noch, Jimi?

Ich bin nur ein kleiner Mensch aus Viktring, Mitteleuropa. Wenn ich jetzt feststellen muss, dass viele meiner Helden aus der Jugendzeit heute längst tot sind, wie wird es dann Menschen ergehen, die 500 Jahre nach uns leben? Alles bewegt sich immer schneller und schneller – ich frage mich, ob überhaupt noch jemand wissen wird, wer Du warst, wer John Lennon oder Keith Richards waren. Wenn man sich Videos ansieht oder Interviews mit Euch hört, dann kann man ermessen, wie geschäftig ihr Euch meist selber gesehen habt, wie ernst ihr für *Euer Schaffen* genommen werden wolltet, wie wichtig es Euch war, etwas zu machen, das der Gesellschaft gefällt. Populär. Geil. Wo seid ihr jetzt, wo werdet ihr in 500 Jahren sein? Pfft! Verflogen!

Und wären all die Helden aus dieser glorreichen Zeit auf einem Friedhof versammelt, dann wäre es ein bemerkenswerter Gang durch die Grabstätten, den man da absolvieren könnte. Jimi Hendrix, Jim Morrison, Janis Joplin, Brian Jones, George Harrison, John Lennon, Keith Moon, Elvis Presley, Michael Jackson und und und – eine schier unendliche Liste von Namen, die zeit Lebens geschillert haben vor Glanz und Glitter. Und wenn man dann auf die Zeittafel sehen würde, dann hast Du, lieber Jimi, von 1944–1971 gelebt. Der kleine Strich, der zwischen den beiden Jahreszahlen steht, das war Dein Leben! Pfft. Und selbst, wenn man im Hintergrund Deine Gitarre hört, wenn man Deine Songs noch immer liebt – alles ist vergangen, denn mit dem Ende des Strichs kam eine für real gehaltene Jahreszahl, in der dieses kleine, vorbestimmte Leben erlöschte. Und diese Bestimmung kommt von der göttlichen Quelle, denn niemand sucht sich aus, ein kurzes Leben zu haben oder gar sich selbst umzubringen, oder, was meinst Du, Jimi? Niemand möchte töten oder getötet werden, wer möchte ungerecht verurteilt werden, wer beneidet, gehasst? Wer sucht es sich selbst aus, bestaunt, geliebt oder verachtet zu werden?

Es ist das kosmische Spiel, das aus dem einem einen Popstar zaubert, den anderen behindert und aus dem dritten einen Bettler macht. Du hast Glück gehabt, Jimi!

„Live Fast, Love Hard, Die Young"

Ich bin mir voll bewusst, dass ich sterben werde. Der Tod kommt mit jedem Atemzug näher, mit dieser Tatsache müssen wir alle leben! Ob wir es wahrhaben wollen oder nicht, das ist nicht die Frage. Eines Tages werden wir uns verabschieden müssen und alle, die uns kennen und die wir kennen, werden ebenso von der Bildfläche verschwinden. Wenn ich mir den Tag vorstelle, an dem ich verschwinden werde, dann weiß ich auch, dass sich mein Umkreis noch einige Tage, der engere Umkreis vielleicht auch noch einige Jahre an mich erinnern wird, doch bald werde ich vergessen sein. Und so geht es uns allen. Gut, Jimi Hendrix wird man etwas länger im Gedächtnis behalten als mich, aber nach einigen tausend Jahren wird auch kaum jemand über Jimi sprechen. Pfft. Verschwunden, vergangen, als wären wir nie da gewesen …

Im „kultivierten" Westen halten sich alte Menschen in eigens dafür gebauten Häusern auf. So schwach manch alte Menschen auch sein mögen, so stark und stabil sind die Mauern der Bauten, in denen sie gesammelt untergebracht sind. Mit den Kranken verhält es sich genauso. Für psychisch Kranke werden die Mauern noch verstärkt und hohe Zäune schützen die „gesunde Gesellschaft" vor ihnen.

Als ich mit meiner Bluesband einmal in Hongkong spielte und wir einige Tage in der Stadt weilten, ist mir aufgefallen, dass ich auf den Straßen nicht einen alten oder behinderten oder krank wirkenden Menschen gesehen habe. Ich habe mich damals sehr darüber gewundert.

In den Straßen Tiruvannamalais sahen wir Leben und Tod ineinander verschlungen – vereinigt in der Minute, in der wir wirklich hinsahen – hinsehen mussten! Kranke, Tote, gerade eben gestorben, schwer Behinderte, eingebunden in den regelmäßigen Pulsschlag wunderschöner Frauen und lachender Kinder, umgeben von Müll und Unrat, der nicht von der Müllabfuhr weggekarrt wird …

Der Gipfel des Arunachala

Innere und äußerliche Meisterschaft

Kehren wir noch einmal zurück zum Arunachala und zu Sri Ramana Maharshi. Ich denke, dass sich niemand Meister oder Guru nennen sollte, der nicht bis zur letzten Wahrheit, zum letzten Erkennen durchgestiegen ist. Ein Meister, der aber genau das immer wieder von sich selbst behauptet, fällt meiner Meinung nach genau deshalb nicht in diese Kategorie. Ein wirklicher Meister würde keinesfalls ständig auf seine eigene Meisterschaft hinweisen oder hinweisen lassen. Der große Ramana Maharshi hat sich selbst zeit Lebens niemals als Guru oder Meister bezeichnet.

Nach meinem Besuch in Tiruvannamalai verstehe ich auch, warum er sich – der Kraft der Stille als einziges „Nicht-Konzept" folgend – insgesamt vierundzwanzig Jahre in Höhlen des Bergs zurückzog und es dabei vorzog, nicht mehr zu sprechen. Diese Stille trägt alle Fragen und Antworten in sich und hat Ramana Maharshi wohl die magische Ausstrahlungskraft verliehen, wegen der alljährlich Hunderttausende Pilger und Suchende die Reise zum Arunachala antreten.

Wenn man sich den Großteil der heutigen Gesellschaft anschaut, wenn man die Situationen, die immer wieder zu Unfrieden auf unserem Planeten führen, betrachtet, wenn man zuhört, wie unzureichend viele Menschen miteinander kommunizieren oder wie sie überhaupt aneinander vorbeireden, dann kann man leicht feststellen, wie auf diese Weise eine leere Oberfläche auf unserem Planeten hergestellt wurde. Die Summe der Oberflächlichkeit ist so enorm groß, dass man sich manchmal am liebsten auch in eine Höhle zurückziehen möchte, um dort in Stille zu sitzen.

Ein Meister, der hingegen andere Menschen dazu benutzt, um sich selbst immer wieder auf einen Schild zu heben, um so spirituelle Macht und Geltung zu erlangen, kann kein wahrer Meister sein! Es sind auch Scharlatane unterwegs, seit Spiritualität so modern geworden ist. Meister dieser Art können einen vielleicht in ihren Bann ziehen, wenn sie über dieses gewisse Blitzen in den Augen verfügen und einen damit in „Besitz nehmen". Bei genauem Hinsehen aber wird es augenscheinlich, was einen Meister zum wahren Meister macht und was nicht. Dieses genaue Hinsehen kann zwar nicht wirklich gelernt werden, ist aber unabdingbarer Teil des Weges zur wahren Meisterschaft, die natürlich im eigenen Inneren liegt.

„Ein Guru ist jemand, der zu allen Zeiten in den Tiefen des Selbst weilt. Er sieht niemals einen Unterschied zwischen sich und anderen und ist frei von der Vorstellung, er sei der Erleuchtete und Befreite, während die anderen um ihn herum in Bindung und in der Dunkelheit der Unwissenheit leben."

Ramana Maharshi, In: *Große Meister Indiens*, Jyotishman Dam (Hrsg.)

Für das Erkennen von Meistern gilt wieder das Prinzip des ganz genauen Hinsehens. Das Herz, die eigene, innere Stimme sagt einem ganz genau, wer ein wahrer Meister ist und wer nicht. Es gibt zu viele Sucher, die eine Zeit lang vor ihren Meistern sitzen, um sich bald darauf selbst zu Lehrern zu ernennen und „Stilleseminare" um € 250,00 anzubieten. Achtung! Ein Vergleich macht sicher!

In meiner Karriere als Musiker machte ich die Erfahrung, dass die wirklich großartigen Meister der Musik privat sehr bescheiden sind. Sie tönen nicht herum, sie haben es nicht nötig, auf sich und ihre Musik aufmerksam zu machen. Luther Allison zum Beispiel, ein großartiger Bluesmusiker aus Chicago, USA, der nach vielen Auszeichnungen auch noch in seinem Sterbejahr 1997 vier große Blues-Awards erhielt (hinter ihm lagen Größen wie B.B. King oder Eric Clapton), war ein sehr bescheidener Mensch. Wir hatten das große Vergnügen, ihn für eine unserer Bluesbreakers CDs als Studiomusiker gewinnen zu können. Die Arbeit mit ihm machte ungeheuren Spaß und es war eine wundervolle Erfahrung, mit so einem großartigen Musiker gemeinsam zu spielen. Außerdem hat uns genau diese CD, auf der Luther übrigens zwei Titel eingesungen und dazu Gitarre gespielt hatte, zu einer kurzen Amerika Tour verholfen: Der fünfzehnte Geburtstag der Bluesbreakers stand im Jahre 1998 bevor und wir wollten uns aus diesem Anlass heraus selbst ein schönes Geburtstagsgeschenk vorbereiten. Das Geschenk sollte ein Auftritt in der legendären Beale Street in Memphis, Tennessee, sein – dort schlug einst die Geburtsstunde des Blues. Wie kommt man mit einer unbekannten Band nach Memphis und spielt dort ein Konzert in der Beale Street, das fragten wir uns. Einige Tage später besprach ich mit dem Kärntner Reiseprofi Hans Terbu das Konzept. Hans kannte die richtigen Leute, er hatte das Know how für die Reise und er hatte den richtigen Reiseveranstalter in seinem Rucksack. Im Auftrag dieses Reiseveranstalters fuhr ich einen Monat später in Begleitung einer hübschen Reiseleiterin über den großen Teich, um die Lage vor Ort einmal auszukundschaften. Schnurstracks führte uns ein Taxi vom Flughafen in Memphis direkt in die Beale Street. Wir wählten ein Musiklokal namens „Centre of Southern Folklore" aus, weil die Stimmung, die wir dort vorfanden, für ein Konzert ideal war. Nach dem dritten Whisky fragte ich die Dame an der Bar, die sich gleichzeitig als Chefin des Clubs entpuppte, ob wir mit den Bluesbreakers im nächsten Jahr hier ein Konzert spielen dürften. „Where do you come from?", fragte sie und auf meine Antwort „Austria" fiel ihr gerade nichts ein. „Who the hell are you and why should an unknown band from Australia (!) play a gig in my club?" Ich hatte also Erklärungsbedarf, soviel kann dieser Frage entnommen werden. Ich erklärte, so gut ich konnte. Als ich ihr abschließend unsere aktuellste CD in die Hand drückte und sie bat, zwei bestimmte cuts anzuspielen, um überhaupt einmal zu hören, wer wir sind und wie wir klingen, kam sie der Bitte schließlich nach und legte sogleich die CD ein. Schon nach dem Gitarren-Intro schaute sie irgendwie freundlicher und als Luther Allison schließlich zu singen begann, war ihr Herz erobert. „Hey, this is Luther!“, sagte sie mit einem gewissen Stolz und nach dem Abhören der beiden Songs hatten wir die Einladung in der Tasche. Als ich ihr noch mitteilte, dass sie sich keine Sorgen um Publikum und Konzertankündigung zu machen brauche, weil wir mehr als zweihundert Fans mitbringen, war sie völlig baff! Der gleiche Kniff mit Luther Allison funktionierte in den nächsten Tagen auch noch in Natchez am Mississippi und schließlich im „Howlin Wolf“ in New Orleans.

Ein Jahr später – also zu unserem Geburtstagsfest – fuhren wir mit über dreihundert Leuten auf Tour. Luther Allison hatte ganze Arbeit geleistet!

Nein, nein, die wirklich großartigen Musiker tönen nicht herum, sie lassen ihre Töne auf der Bühne oder im Studio raus! Im Laufe meiner spirituellen Entwicklung habe ich erfahren, dass die wirklich großen Meister meist auch sehr still sind. Sie tönen nicht herum, sie haben es nicht notwendig, auf ihre grandiosen Fähigkeiten zu verweisen, schon gar nicht sprechen die wirklich großen Meister abträglich über andere Meister. Ihre subtilen Töne oder ihre Stille dringen nach innen! Vielleicht können sie einen nicht gleich beeindrucken, zu einfach erscheinen oft ihre Bescheidenheit und ihr Stillsein. Sie sind vorsichtig in ihren Aussagen über die „Wahrheit“ und stellen keine Behauptungen auf. Sie wissen, dass das Leben nicht mit Aussagen festzunageln ist. Mit Worten kann die Wahrheit nicht vermittelt werden, sie dienen nur als Hinweis – schon eher klärt sich die Wahrheit in Stille. Große Meister sind sich immer der Relativität bewusst.

Als Albert Einstein die Relativitätstheorie begründete, die er sich wie erwähnt nicht als seine persönliche Leistung auf den Hut steckte (sie kam nach seinen Worten von außen), schenkte er – bescheiden – der Wissenschaft die Wahrheit!

Einer der schmerzhaftesten „Zustände" unseres Planeten ist, dass sich die äußerlichen Meister – die „Dummen" – der Wahrheit so sicher sind und sie deshalb so lautstark verkünden. Weise sind leise – und vorsichtig im Umgang mit Worten!

Die meisten sind nicht interessiert an Veränderung

Einige Situationen meines Lebens erzähle ich, um die Veränderung in meinem Leben herauszuarbeiten und zu beschreiben, weil sie mich selbst am meisten überrascht hat. Ich hätte diese Veränderung nicht für möglich gehalten, sie hat mich völlig unerwartet getroffen, denn ich stand wirklich jahrelang am anderen Ende der Theke!

Das Unerwartete wird und muss geschehen, das Erwartete hingegen tritt vielleicht niemals ein!

Es entspricht den Tatsachen, dass die allermeisten Menschen kein ernsthaftes Interesse an einer Veränderung haben. Sie bekunden dieses Interesse zwar wohl immer wieder, wenn es aber wirklich darauf ankommt, ziehen sich die meisten in ihre Komfortzone zurück, in der sie sich ihren Gewohnheiten ergeben und sich dabei sicher und wohl fühlen.

Eine tiefe Veränderung kann erst festgestellt werden, wenn das persönliche Programm ein anderes wird. Sie geht an die Substanz, an die Struktur und sie geschieht ohne Wenn und Aber. Aus dem „Outfit“ wird dann ein „Infit“, das sich – nach einiger Zeit – richtig gut anfühlt. Doch eines darf man dabei nicht vergessen: Es bedarf einer Sonderportion Mutes, um eine Veränderung wirklich herbeiführen zu können. Schließlich bedeutet es ja, auf etwas zu verzichten, was bisher so gewohnt war. Plötzlich geht einem etwas ab! Das ist zuerst schmerzhaft, manchmal so schmerzhaft, dass man am liebsten sofort wieder zurück möchte in seine „geliebten“ Gewohnheiten. Hier wird Mut benötigt – der Mut, ins kalte Wasser zu springen, sich von Gewohnheiten zu verabschieden und durchzutauchen durch das eisige Wasser bis zu der Stelle, an der es wieder wärmer wird und an der man gemeinsam mit der Frage auftaucht, warum man denn nicht schon früher gesprungen ist. Jetzt ist man innen angekommen! Jetzt spürt man sich selbst – außerhalb aller Systeme, in die uns die Gesellschaft erfolgreich in Ketten legt.

Systeme …

Unsere westliche, vermeintlich fortschrittliche Kultur misst ihren Fortschritt nicht im Inneren sondern am Outfit, beispielsweise an der Anzahl der Kleidungsstücke, die Leute so besitzen. Wie schnell läuft unser Auto und wie viele PS hat es unter der Haube – das sind entscheidende und wichtige Faktoren! Mahatma Ghandi hat in einer Rede einmal die wesentlichen Merkmale der Kultur aufgezeigt. Ein Dach über dem Kopf und ein Stück Stoff um die Hüfte würden reichen, wie er selbst es unter Beweis stellte!

Ghandi wurde weltbekannt, als er die brachiale Gewalt der Kolonialisten aus Großbritannien mit dem Prinzip der

Gewaltlosigkeit gegen eine scheinbare Mauer laufen ließ, die aus einem elastischen Material gebaut war und die mit Waffen nicht umzustürzen war. Gewaltlosigkeit wird gerade heute als etwas völlig Unrealistisches eingeschätzt. Es klingt heute naiv und fast wie eine Utopie, an die niemand mehr glauben würde, außer den Jungen vielleicht.

Die Mächtigen und die Politik – „treu“ angekettet an Waffen- oder andere Lobbies mit wirtschaftlichem background – behaupten, dass Gewaltlosigkeit einfach nicht funktionieren könne. Und die große Mehrheit der Befehlsempfänger schwimmt mit im reißenden Strom der Mächtigen und der Politik. Die große Mehrheit nascht in irgendeiner Weise am Napf der Macht mit. Wo sind die Wellenbrecher, die sich dieser Riesenwoge, die die heutige Gesellschaft wie ein Tsunami überschwemmt, entgegenstemmen? Wer gehorcht, macht sich selbst zum Sklaven!

Die pauschale Angleichung der Spezies Mensch an die Vorgaben der Mächtigen zwingt uns in die Knie – wir gehorchen. Nur nicht aus dem System fallen!

Doch das System bildet auch keine Lehrer aus, die den Jungen Inhalte wie zum Beispiel Gewaltlosigkeit weitergeben. Geschichtslehrer überliefern fast immer nur die Eroberer, die das Volk mit brutaler Gewalt beherrscht haben.

In der westlichen Hemisphäre können wir uns auf Grund unserer Prägungen und Konditionierungen natürlich nicht mit einem Dach über dem Kopf und einem Stück Stoff um die Hüfte anfreunden – das ist auch nicht erforderlich, doch es gab in der Geschichte auch immer die anderen – die „etwas Ver-rückten“, die gegen den Strom schwammen und so ihre Erwähnung fanden. Sie taten Dinge, die man in ihrer Zeit einfach nicht erwarten konnte. Ghandi war eben so einer – er verblüffte mit seiner Gewaltlosigkeit die ganze Welt. Franz von Assisi war auch so einer und es gab natürlich noch viele andere.

Heute gibt es diese „Verrückten“ nur noch selten. Noch nie war die Freiheit so groß wie gerade heute – wir können uns alles kaufen, Autos, Häuser, Schmuck, wir haben die Auswahl zwischen hundert Haarshampoos, wir füttern unsere Haustiere mit Gourmet-Menüs und gehen ins Bett, mit wem wir wollen, wir fahren, wohin wir möchten, doch wo ist die wirkliche Freiheit? Zumindest die Freiheit zu sein, wer man ist, die gibt es nicht! Wenn man der sein möchte, der man wirklich ist, dann begibt man sich an den Rand der Gesellschaft, die mit Argusaugen den Spinner da am Rande beobachtet, bewertet und be- oder gar verurteilt! Es ist doch ohnehin alles geregelt! Die Posten sind „objektiv“ vergeben, die Kurven der Börsen fügen sich dem Lenkrad der Steuermänner, Medien beeinflussen den Lauf aller Dinge, und wer nicht in den Lauf dieser Dinge passt, wird an den Rand gespült. Wer sich nicht ins vorgefertigte Modell einfügen lässt, wird vom Staubsauger des Marktes eingesaugt wie ein kleines Staubkörnchen. Der moderne Mensch ist der Wirtschaft und dem Markt hörig. Und nicht einmal Tage wie 9/11 konnten daran etwas ändern.

Stille als „neue Revolution“

Unser Leben wird beherrscht von Macht, Politik, Geld, Gier. Die Rebellion dagegen – das wird wohl bald zum Thema werden müssen. Der Kampf um eine Form der Spiritualität, um etwas anderes, um etwas Außerordentliches, das keiner Macht unterliegt! Es geht um das Bedürfnis der Menschheit, wissen zu wollen, wer man wirklich ist und was wir hier eigentlich tun in den paar lächerlichen Jahren, die uns zur Verfügung stehen.

Gefragt sind völlig neue Modelle. Modelle, die mit Liebe zu tun haben. Es geht nicht mehr nur um Wachstum, sondern gleichzeitig auch um Genügsamkeit. Es geht um das verstärkte Aufkommen einer sozialen Komponente, die man allgemein „soziale Kompetenz" nennen könnte.

Die soziale Kompetenz wird eine äußerst wichtige Rolle im Leben spielen. Sie wird sich zu einem großen Thema entwickeln und die Spiritualität wird immer wichtiger für die Menschen werden. Denn durch das perverse System des Konsumismus dreht sich unser Leben in erster Linie um Haben, Haben, Haben. Wer fragt heute schon nach Liebe oder nach dem Sein? Der philosophische Satz „Ich denke, daher bin ich" scheint sich selbst abgewandelt zu haben in die Floskel: „Ich habe, daher bin ich!" Der Mensch identifiziert sich meist über das, was er hat, nicht über das, was er ist. Das Ego verwechselt „sein" mit „haben". Die Gesellschaft wird zum entscheidenden Maß für die Selbstachtung. Wer mehr hat, wird auch mehr geachtet, wer nichts hat, ist auch niemand! Im Vergleichskampf persönlicher Eitelkeiten vergessen wir uns selbst und genießen unser Ansehen in der Gesellschaft – das hat mit Selbstachtung überhaupt nichts zu tun. Das Ego hat seine Schlingen wieder einmal ausgelegt und wir steigen blind hinein. Ihm geht es immer nur um mehr, mehr, mehr. Die meisten Dinge braucht der Mensch gar nicht, doch der Konsumismus verführt ihn dazu, sie zu besitzen, um damit Geltung zu erlangen und wenigstens im Äußeren zu strahlen. Dabei drehen wir uns im Kreis.

Zu diesem Thema ist mir ein Song eingefallen:

Im Kreis

1.
I sitz auf da Insl, schau ausse aufs Meer,
mit de Wölln plätschern 1000 Gedånkn daher.
Und so wie sie kumman, sieg i's wieda gehn
und fong dabei on, 's gonze Lebn zu verstehn!

Von Geburt on laft a Fülm ob, der is aus mit ’m Tod,
da Regisseur holt sich jedn – egal wos er hot.
Ob schworz oder weiß oder orm oder reich,
in da letztn Minutn geht’s uns olln gonz gleich.

Refrain:
Ab der erstn Sekundn sind’s noch anige Rundn,
bis ma draufkumman – wir fohrn olle im Kreis.
Unser Mocht, unser Gier muaß verschwindn,
wer dos lebt, wird sein’ Friedn findn!

2.
Du muaßt wos beweisn – also mochst Politik
und holst dir von durt, wos’d versamt host zurück.
Host Mocht in da Hond und verteilst fremdes Göld,
wirst berühmt und bist stolz auf di und dei Wölt.
Wonn ana nur glabt, er bestimmt ’s Lebn bewusst –
Donn liegt er danebn – dos hot da Einstein schon gwusst.
Wie a Schauspieler spülst du dei Rolln, wie sich’s ziemt,
doch da Fülm is längst fertig – die Regie hot bestimmt!

Refrain

3.
Oft host di beim Schenkn nur sölber betrogn.
Hinter’m Denkn ans Schenkn host dein Vorteil gezogn.
Jeder denkt nur an sich und monch wertvolles Stück,
wünscht sich Häuser und Göld und siegt darin sei Glück,
hängt sei Herz nur an Dinge, an Ringe und Gold
und holt sich sein Teil – oft mit Gewolt.
Gierig und wichtig gehn die meistn durchs Leben
und vergessn gonz drauf, a dem ondern wos z’ gebn.

Refrain

Wie können wir aus diesem Teufelskreis ausbrechen? Fasten! Fasten hieße, nichts mehr haben zu müssen und daher auch nicht mehr zu gehorchen. Mit dem Fasten erhielte die vorher beschriebene Gewaltlosigkeit eine völlig neue Dimension. Macht und Politik können dem Fastenden ihre Nahrung ja nicht in den Rachen zwingen!

Dieser spirituelle Akt hätte ein weit reichendes „Aufwachen aus dem Tiefschlaf“ zur Folge. Allerdings wird es wohl noch eine Zeit dauern, bis sich die Menschheit des Konsum- und „Haben“-wahnsinns besinnen wird. Dann aber sollte das *Haben* und *jemand werden wollen* langsam ausgleiten zu Gunsten eines einfachen *Seins*. Im *Sein* liegt nämlich die Wahrheit.

Liebe statt Macht. *Stille* statt Politik-Getöse. *Sein* statt Haben und Werden. Darin liegt eine Kraft, die viel stärker ist, als alle Worte und Währungen.

Kulturelle „Devolution“

Von Politikern wird man in dieser Sache nicht viel erwarten können. Politiker wiederholen immer dasselbe. Brot und Spiele. Politik bedeutet in Wirklichkeit das Gegenteil von Wahrheit, Reinheit, Liebe. Politik setzt darin an, etwas, was ursprünglich so ist, wie es ist, zu verändern, und zwar mit dem eindeutigen Hintergedanken, Vorteile zu schaffen – für wen auch immer. Dahinter steckt pure Ausbeutung zum Selbstzweck. Man muss nur einmal genau hinsehen. Etwas oder jemand wird benutzt, um jemand anderem einen Vorteil zu verschaffen. Politik ist dabei oft sehr kreativ und schafft es locker, Dinge, die ganz normal funktionieren würden, aus dem Lot zu bringen, damit sie dann wieder repariert werden müssen! Politik bringt Leute in Positionen, die einem Nutzen bringen sollen. Gib du mir dies, bekommst du dafür das. So beginnt sich das Rad zu drehen von den kleinsten Positionen bis hinauf zu den mächtigsten Präsidenten. Auf der Strecke bleiben letztendlich die, die es mit Ehrlichkeit oder gar Liebe versuchen, denn für die ist kein Platz in der ewigen Spur der Machtspirale. Ego – bitte vortreten!

Ich glaube, dass die Politik eher nur mittelmäßige Geister anzieht – meistens Leute, die irgendwann irgendwo zu kurz gekommen sind. Die *wirklich* Intelligenten suchen sich die Politik aus einem ganz einfachen Grund nicht als Spielfeld aus: Den wirklich Intelligenten geht es nicht um Macht!

In den letzten dreitausend Jahren hat es mehr als fünftausend Kriege gegeben. Das ist größtenteils zurückzuführen auf Politiker oder auch auf den Klerus, der ja bekanntlich in der Geschichte der Menschheit sehr oft mit den Politikern kooperiert hat. Fatal ist heute dabei nur, dass gewisse Länder – und es werden immer mehr – über Atomwaffen verfügen. Ich habe gehört, dass man mit dem bestehenden Atomwaffenpotenzial einen Planeten mit der Größe unserer Erde mehr als tausend Mal in die Luft jagen könnte – es würde nichts mehr übrig bleiben. Ich frage mich: Wie oft kann denn der Mensch sterben, dass er so eine Angst durch seine Machtspielchen ausüben muss? Also wird man von den Politikern in dieser Sache wirklich nicht viel erwarten können.

Und die Ärmsten der Armen – und es werden immer mehr davon – haben andere Probleme, als still zu sein. Sie, die in der Bedürfnispyramide ganz unten stehen, haben keine Zeit, aktiv zu werden. Sie agieren nicht, sie haben alle Hände voll zu tun, zu reagieren. Wenn sie leben wollen, dann brauchen sie in erster Linie Nahrung. Das ist ein körperliches – also ein echtes – Bedürfnis. Diese Menschen brauchen keinen Ruhm und keine Ehre, sie brauchen nichts zu erfinden, sie brauchen auch keinen Nobelpreis, denn all das erfüllt kein körperliches Bedürfnis.

Wir leben in einer sonderbaren Welt: Die Armen haben den Hunger und die Reichen das Essen!

Wo aber sind jene Menschen, die kreativ sind, die die Veränderung auslösen? Die diesen Konsumkrieg für beendet erklären und der Menschheit statt der Konsumgüter andere Werte vermitteln! Es sind seit dem Entstehen der zweibeinigen und mit einem Verstand ausgerüsteten Spezies Mensch tausende von Jahren vergangen, in denen sich der Mensch vermeintlich weiterentwickelt hat. Die Evolution hat den Menschen weitergebracht – aus der Höhle heraus –, zum Mond und zum Mars. Was Menschen heute alles wissen – und doch verhalten sich viele noch immer wie in der Steinzeit. Ich ersetze das Wort Evolution gerne durch das Wort „Devolution". Genau betrachtet entwickelt sich der Mensch eher zurück. Ja, wir wissen, wie man Menschen klont oder Nahrungsmittel manipuliert, wir haben Mittel gegen viele Krankheiten gefunden, wir erkunden viele andere Planeten, der Mensch tötet in seinen Kriegen den Feind mit immer moderneren Waffen, wir haben alles gelernt, was man lernen kann. Doch eines haben wir dabei vergessen: Nämlich wer wir wirklich sind!

5% der Menschen besitzen mehr als 95% aller Finanzen, die es weltweit gibt. Menschen stricken sich mit ihrer unbarmherzigen Gier nach Gewinn ihre Weltwirtschaftskrisen wie einen viel zu engen Pullover. Sie produzieren wesentlich mehr, als sie brauchen, und geben denen, die es wirklich bräuchten, so gut wie nichts davon. Sie setzen ihr Geld in riskante Geschäfte und klagen dann die an, die stellvertretend für sie mit dem Risiko spekulieren. Sie machen Arbeiter in armen Ländern zu Sklaven und beuten deren Gesundheit und Geldtaschen aus, um ihre eigene *Gesundheit* zu vermehren und die eigenen Geldbeutel zu füllen. Das alles nenne ich eine „kulturelle Devolution", eine

Rückentwicklung hinter die Steinzeit, angesiedelt hinter der Tierwelt. Der Löwe frisst die Gazelle, weil die Nahrungskette es so regelt. Der Mensch „frisst" den anderen Menschen, weil das Ego in ihm immer den eigenen Vorteil und Gewinn sucht. „Ich!"

Selbst zwei Weltkriege haben den Menschen nicht zur Einsicht gebracht, dass genug getötet wurde. Nein, der Mensch lernt aus allen Katastrophen, die er selbst anrichtet, nichts!

Eine neue Kultur

Deshalb ist es meiner Meinung nach unumgänglich, dass die Menschheit aufwacht. Erste Anzeichen dafür sind erkennbar. Es gibt immer mehr friedliche Menschen, die versucht sind, die blutige Geschichte der Menschheit nicht immer zu wiederholen, sondern in Richtung Frieden umzuschreiben. Menschen wie Ramana Maharshi, Nisargadatta Maharaj oder auch Gandhi haben im vorigen Jahrhundert begonnen, neue, friedliche Wege zu beschreiten und den Weg nach innen, zum Selbst, den sie bis zum Ende gegangen waren, zu lehren. Egolosigkeit ist die Erfahrung des nach innen gerichteten Bewusstseins. Das Ego ist nichts anderes als eine Glaubensvorstellung des nach außen gerichteten Bewusstseins. Menschen wie Ramesh Balsekar, Eckard Tolle und wie sie alle heißen mögen, haben diese Wege breiter gemacht. Es kommen immer mehr neue Lehrer dazu, die über den Weg nach innen und den inneren Frieden sprechen. Und es werden immer mehr, weil die Menschen – geschüttelt durch Krisen – plötzlich ein offenes Ohr für Werte haben, die außerhalb des Konsumwahnsinns liegen. So zeichnet sich – wie ein Silberstreif am

Horizont – eine neue Kultur ab, die die Menschen wieder enger zusammenrücken lassen wird. Immer mehr Menschen sehnen sich nach einer Zeit, in der nicht Macht und Geld die bestimmenden Faktoren sind, sondern ein menschliches Verständnis füreinander, eine Toleranz verschiedenster Kulturen und die Akzeptanz der Schwächeren.

„Ein bisschen Liebe“ sang einst Nicole mit ihrer Frieden verstrahlenden, weißen Gitarre. Eine neue Gesellschaft wird wohl entstehen, die ohne faule Kompromisse und ohne Falschheit auskommen wird. Menschen, die keine Rollen mehr zu spielen brauchen, weil sie *sie selbst* sind, werden das Geschehen prägen.

Ich weiß, es ist noch ein gutes Stück Weg bis dahin. Man sollte endlich damit beginnen, und zwar schon bei den Jungen. Schulsysteme sollten genau auf ihre *Inhalte* durchforstet und neue Prioritäten sollten gesetzt werden. Ein Hauptfach sollte es sein, jungen Menschen dabei zu helfen, sich selbst nicht in strikten Lehrsätzen und Vorgaben zu verlieren …

Es gibt wunderbare Bücher, in denen schon genannte Autoren ihre friedlichen Spuren zogen. Viele davon lese ich immer wieder, darüber habe ich ausführlich berichtet.

Bücher

Bei allen Büchern, die ich in meinem Leben schon gelesen habe, erzeugten diejenigen, die ich in der Folge unter der Rubrik „Literaturtipps“ anführe, den größten Umschwung in meinem Leben. Nicht nur, dass sie unglaublich unterhaltsam sind – sie lenkten mich mit sicherer Hand aus dem Schlamassel des ständigen Wiederholungstäters heraus in ein völlig neues Leben. Ich führe jetzt ein wesentlich ruhigeres Leben als zuvor. Es ist ein Leben voller Frieden im Inneren, ein Leben, das ohne Wünsche auskommt. Ich bin *zufrieden*. Ich weiß heute, dass alles genau so ist, wie es für die Körper-Geist-Figur Ossi sein soll. Und das ist gut so und ich habe absolut nichts daran auszusetzen. Und ich habe mein ganzes Sein dieser Ernsthaftigkeit zu verdanken, über die ich mich schon mehrmals geäußert habe.

Ich habe all die angeführten Bücher wirklich ernsthaft gelesen (und natürlich viele mehr). Die angeführten aber ziehen sich wie ein roter Faden durch mein Leben …

Ich liebe Robert Adams (sein erstes Buch kam zu mir, ohne dass ich davon gehört oder gewusst oder mich gar darum gekümmert hätte!) und dachte beim Lesen, er hätte dieses Buch extra für mich geschrieben. Danach ergab sich alles Weitere wie von selbst. Die Bücher kamen wie gerufen, eines nach dem anderen. Und zwischen den Büchern kamen die Lehrer. Sie kamen auch von selbst, waren einfach da, wie zum Beispiel Samarpan, der genau an dem Tag an dem Ort in Wien einen Satsang abhielt, als ich nach drei Stunden einem Samadhi Tank entstiegen war. Ich fiel förmlich hinein in den Satsang. Oder Amrita. Sie hält ihre Satsangs vor meiner Haustür und kam genau zu dem Zeitpunkt, als ich dazu bereit war. Oder Madhukar, den ich im Internet ausfindig gemacht hatte und dem ich nachgefahren wäre – wohin auch immer. Er war wenig später in Wien! Ich habe all den lebenden Lehrern genau zugehört – zumindest eine Zeit lang. Man *weiß* selbst ganz genau, wann diese Zeit vorüber ist. Über das Mysterium mit Ramesh Balsekar in englischer Sprache im Viktringer Wald muss nichts mehr gesagt werden. Ebenso wenig über die anschließende Bestätigung oder Auflösung durch Amrita. Danach wusste ich: Ossi ist doch nicht verrückt!

Hier ein kleiner Auszug meiner Lieblingsbücher.
Literaturtipps:
Ein Kurs in Wundern …

Robert Adams: Stille des Herzens 1 und 2
Sri Ramana Maharshi: Sei, was Du bist
Sri Nisargadatta Maharaj: Ich bin (Teil 1, 2, 3)
Bevor ich war, bin ich
Eckhart Tolle: Jetzt – die Kraft der Gegenwart
Leben im Jetzt
Findhorn Seminar (DVD)
Leben aus der Fülle des Seins (Doppel-DVD)
Ramesh Balsekar: Wen kümmert's
Der kosmische Plan (DVD)
Pointers

In diesen Büchern (ich war wirklich drin!) bin ich innerlich still geworden. Und zufrieden! Mein Leben hat sich drastisch verändert. Man könnte sagen, ich habe die Fronten gewechselt. Durch meine Leseleidenschaft bin ich hineingewachsen in eine neue Materie, in der ich mich zusehends wohler fühlte. Mein ursprünglicher Wissensdurst ließ die Funken überspringen – direkt ins Herz hinein. Ich folgte einfach den Dingen, die daherkamen, hatte volles Vertrauen. So spürte ich zusehends, dass ich gar nichts falsch machen konnte, und widmete mich dem Weg nach innen, zuerst wohl mit einer gewissen Spannung. Je länger der Weg dauerte, desto entspannter wurde ich und merkte das vor allem am Verhalten verschiedener Menschen mir gegenüber. Ich würde sagen, dass mein Ego sich langsam zurücknahm. Je mehr ich seiner beim Beobachten gewahr wurde, desto geringer wurden seine Verführungstricks.

Freude statt Stolz; wissend, nicht kenntnisreich …

Stolz ist beispielsweise eine Eigenschaft, die aus dem Ego heraus kommt. Stolz zu sein bedeutet, sich auf *seine eigene* Leistung etwas einzubilden, doch in Wirklichkeit vollbringt niemand etwas aus seiner Körper-Geist-Struktur heraus, das nicht von der göttlichen Quelle genau so vorgesehen ist. Darüber wurde bereits viel gesagt. Also könnte man bei genauem Hinsehen höchstens auf die göttliche Quelle stolz sein, und das macht keinen Sinn! Freude hingegen ist ein sehr positives Gefühl, weil dadurch keine Inszenierung des persönlichen Selbst erfolgt. Wahre Freude kommt von innen.

Kürzlich wurde im Fernsehen eine Nachlese zur Verleihung eines deutschen Fernsehpreises gezeigt. Unter vielen anderen erhielten auch zwei berühmte deutsche Schauspielbrüder den begehrten Preis in Form einer Statuette. Der Reporter befragte daraufhin die anwesende Mutter der beiden, ob sie doch wohl stolz auf ihre Söhne wäre. Ihre Antwort war bemerkenswert: „Nein, Stolz empfinde ich nicht, aber ich empfinde eine große Freude für meine beiden Söhne." Und nun folgt etwas noch bemerkenswerteres: Beide Söhne lachten in die Kamera und erklärten unisono: „Ja, ja, Mutter ist nicht stolz auf uns, ja, ja, ha, ha!" So als wüssten sie genau, dass ihre eigene Mutter stolz auf sie sein müsste. So ein Preis – da kann man doch gar nicht anders, da muss man ja stolz sein auf diese prächtigen Jungs! Die Mutter stand bereits wieder im Hintergrund und lächelte still in sich hinein. Ich denke, dass diese Frau viel über die universelle Wahrheit weiß. Eine Wissende, keine Kenntnisreiche …

Albert Einstein muss nicht noch einmal erwähnt werden. Es ist bezeichnend, dass er nicht stolz auf „seine" großartige Erfindung war. So sah er sich als „Transporter" für die große Errungenschaft der Relativitätstheorie.

In unserer Gesellschaft hört man den Satz „Ich bin stolz darauf …" täglich mehrmals. Worauf kann der Mensch denn stolz sein? Charlie Chaplin muss wohl auch so ein „wissender“ Mensch gewesen sein – einer, der im Laufe seines Lebens erfahren durfte, was wirklich abläuft. Einer, der nicht stolz war – auf was auch immer. Ein Erwachter.

Das folgende Gedicht hat Charlie Chaplin an seinem 70. Geburtstag (am 16. April 1959) geschrieben.

als ich mich selbst zu lieben begann

als ich mich wirklich selbst zu lieben begann,
habe ich verstanden,
dass ich immer und bei jeder gelegenheit
zur richtigen zeit am richtigen ort bin
und dass alles, was geschieht, richtig ist.
von da an konnte ich ruhig sein.
heute weiß ich,
das nennt sich SELBSTVERTRAUEN

als ich mich wirklich selbst zu lieben begann,
konnte ich erkennen,
dass emotionaler schmerz und leid
nur warnung für mich sind,
gegen meine eigene wahrheit zu leben.
heute weiß ich,
das nennt man AUTHENTISCH SEIN.

als ich mich wirklich selbst zu lieben begann,
habe ich verstanden,
wie sehr es jemanden beschämt,
ihm meine wünsche aufzuzwingen,
obwohl ich wusste,

dass weder die zeit reif noch der mensch dazu bereit war.
und auch wenn ich selbst dieser mensch war,
heute weiß ich,
das nennt sich SELBSTACHTUNG.

als ich mich wirklich selbst zu lieben begann,
habe ich aufgehört,
mich nach einem anderen leben zu sehnen,
und konnte sehen,
dass alles um mich herum
eine aufforderung zum wachsen ist.
heute weiß ich,
das nennt man REIFE.

als ich mich wirklich selbst zu lieben begann,
habe ich aufgehört,
mich meiner freien zeit zu berauben,
und ich habe aufgehört,
weiter grandiose projekte für die zukunft zu entwerfen.
heute mache ich nur das,
was mir spaß und freude bereitet,
was ich liebe und mein herz zum lachen bringt
auf meine eigene art und weise und in meinem tempo.
heute weiß ich,
das nennt man EHRLICHKEIT.

als ich mich wirklich selbst zu lieben begann,
habe ich mich von allem befreit,
was nicht gesund für mich war,
von speisen, menschen, dingen, situationen
und von allem, was mich immer wieder hinunterzog,
weg von mir selbst.
anfangs nannte ich das gesunden egoismus,
aber heute weiß ich,
das ist SELBSTLIEBE.

als ich mich wirklich selbst zu lieben begann,
habe ich mich geweigert,
weiter in der vergangenheit zu leben
und mich um meine zukunft zu sorgen.
jetzt lebe ich nur mehr in diesem augenblick,
wo ALLES stattfindet.
so lebe ich heute jeden tag
und nenne es VOLLKOMMENHEIT.

als ich mich wirklich selbst zu lieben begann,
da erkannte ich,
dass mich mein denken
armselig und krank machen kann.
als ich jedoch meine herzenskräfte anforderte,
bekam der verstand einen wichtigen partner.
diese verbindung nenne ich heute
HERZENSWEISHEIT.

wir brauchen uns nicht weiter
vor auseinandersetzungen, konflikten und problemen
mit uns selbst und anderen zu fürchten,
denn sogar sterne knallen manchmal aufeinander
und es entstehen neue welten.
heute weiß ich, DAS IST DAS LEBEN.

Charlie Chaplin (http://www.thankyoo.com SIGN von Jwala Gamper)

Gäbe es heute mehr Künstler oder gar Politiker, die um das „Geheimnis" Bescheid wüssten, dass nämlich nichts, aber schon wirklich nichts von ihnen selbst kommt, keine Entscheidung, keine Kreation, auch keine Erfindung – selbst wenn sie noch so bahnbrechend erscheint und einen zur berühmten Persönlichkeit macht –, dann sähe es auf diesem Planeten ganz anders aus!

Durch den Umstand, dass fast alle Menschen *Täter* zu sein glauben und daher einerseits stolz auf ihre *eigenen Taten* sind und andererseits mit allen erdenklichen Emotionszuständen wie Neid, Eifersucht, Sorge oder Hass auf die *Taten der anderen* reagieren, entsteht Leiden.

Ich weiß wirklich, wovon ich rede, denn ich war so lange Zeit stolz auf „meine" Aktionen und neidisch auf andere, wenn sie erfolgreich waren. Heute freue ich mich mit jedem mit, der etwas erreicht, das ihm Freude macht, und bemerke mein stilles Lächeln, wenn jemand so stolz auf „seine" Taten ist.

„Ossi" und die Musik

Bluesbreakers mit Magic Slim,
Bonnie Lee und John Primer

In der Zeit vor meiner „inneren Einkehr“ war mein Auftreten wie gesagt ständig geprägt von einer gewissen Wichtigkeit, von Stolz sowie von Schuldzuweisungen an mich selbst oder an andere. Als Musiker war es mir immer besonders wichtig, die von mir komponierten oder getexteten Songs besonders hervorzustreichen. Ich erinnere mich an die Zeit, in der meine Songs in Radio- oder Fernsehsendungen gespielt wurden und wir als erfolgreiche Bluesband viele Presseauftritte hatten. Ich war zu dieser Zeit wirklich sehr stolz auf mich und meine Leistungen. Ich hatte mir als „checker“ einen Namen gemacht und schaffte es, für eine außerhalb Österreichs unbekannte Bluesband Konzertreisen zu organisieren, die uns um die halbe Welt führten. So bin ich davon ausgegangen, dass wir ohne mein Organisationstalent kaum irgendwo gespielt hätten und auch nicht bekannt geworden wären. Ich ernannte mich quasi selbst zum Bandleader, getragen von Stolz und auch ein bisschen vom verletzten „Ossi-Ego“, das – rein musikalisch – nur in der hinteren Reihe zu stehen kam. In der ersten Reihe standen nämlich die wirklichen musikalischen Protagonisten – vorne in der Mitte der Sänger, der uns mit seiner Röhre und seiner unverwechselbaren Performance dorthin sang, wo wir dann jahrelang unseren Platz einnehmen durften. Heute weiß ich, dass ich zum Weiterkommen der verschiedenen Bands (es waren drei mit fast gleicher Mannschaft) meinen Beitrag geleistet habe. Nur war dieser Beitrag nicht meiner stolzen Kraft zuzuschreiben, sondern der göttlichen Quelle, die mich genau das machen ließ, was ich damals glaubte, aus eigener Kraft zu tun. Jeder von uns brachte seine Körper-Geist-Figur unter göttlicher Führung auf bestimmte Art ein. Der tolle Gitarrist konnte nur toller Gitarrist sein, weil die Quelle genau ihn in dieser Rolle in einer österreichischen Bluesband seine Soli spielen lassen wollte. Dies war Teil des kosmischen Geheimnisses. Natürlich musste die Figur „Gitarrist“ täglich viele Stunden seine Gitarre würgen, um so gut sein zu können, doch die vielen Probestunden waren eben auch göttliche Vorgabe. Punkt.

Ich war wirklich beeindruckt, wie meine damals durch Stolz begleitete Betrachtungsweise immer mehr einer nüchternen Beobachtung wich und schließlich zu dem wurde, was sie heute ist. Langsam vollzog sich ein Ineinanderfließen der verschiedenen Rollen. Für mehr als zwanzig Jahre standen wir gemeinsam auf der Bühne und jeder steckte in der für ihn bestimmten Rolle. Das Drehbuch sah für mich eine Veränderung vor, der ich einfach zu folgen hatte, ob ich nun wollte oder nicht. „Mein“ Film ist längst abgedreht, so wie der Film aller Geschöpfe, das ist mir voll bewusst geworden. Heute staune ich über all die Szenen, die Gott als Regisseur in mein Drehbuch geschrieben hat. Jeden Tag lasse ich mich von Neuem überraschen und erkenne die Handschrift der göttlichen Regie total an.

Die Zeit am anderen Ende der Theke …

Über zwanzig Jahre war es also mein Hauptlebensinhalt gewesen, mit meinen Bandkollegen zu tingeln, von einem Ort zum anderen, von einem Konzert zum nächsten. Hauptberuflich ging ich meiner normalen Arbeit im Büro nach. Mein Urlaub war zwanzig Jahre lang für Konzertreisen aufgegangen. China, USA, nochmals China, nochmals USA, Marokko, Südafrika, Spanien, Türkei, Deutschland, Kroatien, Slowenien, Slowakei und kreuz und quer durch Österreich. Das war von Anfang an kein Hobby, sondern ein zweiter Beruf, sehr zeitintensiv, aber auch sehr lustbetont.

(Ich erzähle in der Folge einige Geschichten aus dieser Zeit, damit nachvollzogen werden kann, an welcher Seite der Theke Ossi damals stand und welchen „Stellenwert“ diese Erlebnisse damals hatten! Keinesfalls sollen diese Geschichten heute den Eindruck besonderer Wichtigkeit erwecken. Sie sind nicht mehr wert als irgendwelche Geschichten von anderen Menschen. Sie sind chronologisch gereiht und ihre Beschreibung erfolgt heute durch einen entspannten Blick zurück. Zu jener Zeit aber waren sie emotional natürlich sehr wichtig gewesen).

Es war schon etwas Spezielles, als erste Bluesband der Welt im „Workers Gymnasium" in Peking vor jeweils nahezu 20.000 Zusehern zwei Konzerte zu spielen.

Dazu gibt es übrigens einen kleinen Seitenblick: Es war 1989 und Michael Jackson war auf seinem künstlerischen Höhepunkt angekommen. Er hatte jede Menge Awards geerntet und war der Top-Seller schlechthin. Nicht nur, dass seine perfekt inszenierte Show (inklusive toller Songs und moon walk) nicht zu überbieten war, war Michael Jackson auch der Act, der die meisten Tonträger und Videos weltweit verkaufte, dessen Konzerte automatisch Monate vorher schon ausverkauft waren und der am absoluten Zenit seiner Karriere angekommen war. Und ausgerechnet dieser Michael Jackson wollte 1989 zur gleichen Zeit am selben Ort auftreten wie unsere Band. Der österreichische Handelsdelegierte Dr. Alfred Mayer schrieb mir in einem ernüchternden Telex: *„Lieber Herr Huber, die Vorbereitungen der Bluesbreakers China-Tour waren gerade in der Endrunde, als uns gestern eine Meldung erreichte, die das ganze Vorhaben noch einmal kräftig in Frage stellt. Stellen Sie sich vor, das Management von Michael Jackson hat offiziell um Auftritte in der Volksrepublik China angesucht. Jackson möchte in Peking spielen, und zwar im Workers Gymnasium! Wir kümmern uns gemeinsam mit Mr. Wu Shaoxiang und der Tour-Organisation um weitere Informationen und ich melde mich bei Ihnen, sobald ich etwas Neues weiß!"*

CHINA DAILY

Vol. 8 No.2357 • Friday, February 17, 1989 • 2 Jintai Xilu, Beijing • Tel. 563471 Telex: 22022 CNDY CN • Price: 30 fen; 35 fen

CHINA DAILY, Friday, February 17, 1989—5

Six Austrian rock 'n' rollers threw 8,000 Chinese fans into a frenzy on Wednesday night at the Beijing's Workers Stadium. Prize-winning pop singer Dieter Themel and his Blues Breakers band performed both Austrian and American songs and managed to sing a top Chinese hit "Nothing I have" which brought the house down. The Austrians responded to the enthusiastic audience by waving and shouting: "You're all very lovely." Accompanying the Blues Breakers' is a painting exhibition by Austrian artist Bernd Svetnik on show in the lounge. *China Daily photo by Li Taihang*

Cultural notes

Titelseite der auflagenstärksten Tageszeitung der Welt

Nun gut, dachte ich, das war's dann wohl. China Tour einer unbekannten Bluesband aus Österreich im letzten Moment noch abgesagt. Statt Bluesbreakers kommt Superstar Michael Jackson.

Ich setzte mich also ans Telefon und rief meine Bandkollegen und alle Leute an, die uns begleiten sollten, und teilte Ihnen die traurige Nachricht mit. Mitleidig bemutterten mich alle. Aber Michael hatte die Rechnung ohne den Wirt gemacht. Zehn Tage später erhielt ich die frohe Botschaft von Dr. Mayer: *„Lieber Herr Huber, in der Volksrepublik China gehen die Uhren anders. Aufgrund der Tatsache, dass Sie mit den entsprechenden Stellen der Regierung schon wesentlich länger in Kontakt sind als das Management von Mr. Jackson, empfanden es die zuständigen Gremien nur als gerecht, dass der den Zuschlag erhält, der früher den Kontakt hergestellt hat. Ich darf Ihnen erfreulicherweise also mitteilen, dass das Kulturaustauschinstitut (Mr. Lu Hongsheng) Ihre Band zu insgesamt 6 Konzerten in die Volksrepublik China einlädt."*

Mein lieber Jolly, das war vielleicht eine gute Nachricht! Die folgende Telefonrunde machte richtig Spaß! Michael Jackson musste uns die Bühne überlassen, nicht etwa, weil wir – wie alle wissen - berühmter waren, nein, ganz einfach, weil wir zuerst angefragt hatten und weil unser Kontakt mit den chinesischen Behörden einfach stimmte. Die Presse war völlig baff über eine unbekannte Band aus Österreich, die gerade Michael Jackson ausgestochen hatte.

Schließlich beehrten uns dann Chen Xitong, der Bürgermeister von Peking, sein berühmter Amtskollege Zhu Rongji, der nach seiner erfolgreichen Tätigkeit als Bürgermeister von Shanghai (1988–1991) zwischen 1998 und 2003 sogar zum Ministerpräsidenten der Volksrepublik China aufgestiegen ist, und weitere große Persönlichkeiten aus dem Politkader bei den zwei Konzerten in Peking.

Nach den beiden ausverkauften Konzerten in Peking gab es noch zwei weitere Konzerte in Tianjin und schließlich noch zwei in Guilin in Südchina. Es war eine wunderbare Tour. Die Volksrepublik China hatte ihre Türen für den Westen geöffnet. Die Leute in Peking waren sehr offen für unsere Musik und nach einigen Songs kam immer mehr Begeisterung auf. Als sich jedoch die Menge – gepusht von unserem Sänger – zu immer lauteren Beifallskundgebungen hinreißen ließ und Hunderte sich vor Begeisterung die Kleider vom Leib rissen, da war es mit dem braven Applaus des Politkaders aus der ersten Reihe vorbei. Hunderte Polizisten stürmten plötzlich das Stadion und knüppelten die johlenden Rockfans aus der Halle. Professor Wu Shaoxiang, ein berühmter Bildhauer aus Peking, der beim Herstellen aller Kontakte mehr als hilfreich war, beschreibt diesen Ablauf in seiner berührenden Lebensgeschichte unter dem Titel „Im Schatten der Sonne“. Nur einige Wochen später gingen die Tumulte am Tiananmen Platz los. Die protestierenden Studenten verwendeten dabei genau die Parolen, die unser Sänger zwei Monate zuvor bei unseren Konzerten in Peking ausgegeben hatte: „Are you ready?!“ Und Professor Wu Shaoxiang war natürlich zwischen seinen Studenten zu finden und dadurch in Lebensgefahr. Mit Hilfe der österreichischen Botschaft schaffte er es mit seiner Familie zum Flughafen und schließlich nach Klagenfurt, wo ihn der bekannte Kärntner Maler Bernd Svetnik fürs Erste aufgenommen hat. Heute finden seine Werke großen Anklang in den gefragtesten Galerien der Welt in New York, London, Paris und mittlerweile auch wieder in Peking. Schließlich will auch China auf große Söhne nicht verzichten!

Michael Jackson wollte man etwas später noch nach Shanghai umleiten, sein Management verzichtete aber drauf. Die Geschichten über Michael Jackson sowie über den großartigen Erfolg, den wir bei der China-Tour hatten, geisterten durch die internationale Presse und gaben der Band natürlich einen kräftigen Schub inklusive eines Nr. 1 Hits in den österreichischen Charts.

… es war auch etwas Besonderes, gemeinsam mit dem amerikanischen Star-Saxophonisten „Big Jay“ Mc Neely und mit der österreichischen Boogie Woogie Legende Andy Lee Lang fünf Konzerte in Marokko – in Zusammenarbeit mit dem dortigen Königshaus – zu spielen. Gleich nach dem ersten Konzert in Marrakesh wurden einige von uns übrigens zu Zeugen eines Mordes, der in unserem Hotel begangen wurde und im Zusammenhang mit einem unserer weiblichen tour guides stand. Gott sei Dank war keiner von uns Musikern in den Ablauf, der der Tat voranging, verwickelt. Für einige Tage waren anschließend einige Polizisten unsere Tourbegleiter, vor allem um uns als Zeugen zur schrecklichen Tat einvernehmen zu können. Trotzdem waren die weiteren Konzerte in den Königsstädten Fez, Meknes, Rabat und Casablanca ein großer Erfolg …

… natürlich war es auch speziell, unseren fünfzehnten Geburtstag in der Beale Street in Memphis, Tennessee – dort, wo der Blues herkommt – zu feiern. Es folgten Konzerte in Natchez am Mississippi, New Orleans, Austin.

… ich erinnere mich auch gern an den Tag, an dem wir anlässlich einer Unabhängigkeits-Jubiläumsfeier als einzige Weiße auf einer Riesenbühne im vollen Fußballstadion von Nelspruit, Mpumalanga, Südafrika, standen und ein legendäres Konzert spielten. Viele einheimische Stämme waren ins Stadion gekommen und lauschten staunend den westlichen Klängen. Einige Tage später nahmen wir bei einem weiteren Konzert in Secunda mit einem achtzigköpfigen, farbigen Studentenchor eine CD auf. Einen Sänger namens Sam Ndlovuh lernten wir bei einem Workshop kennen, den man kurzfristig angesetzt hatte, damit sich Musiker völlig unterschiedlicher Kulturkreise austauschen könnten. Ich hatte ohne das Wissen meiner Kollegen ein Lied, in dem das schöne Land Mpumalanga im Kärntner Dialekt besungen wurde, vorbereitet. Unser Sänger übersetzte meinen Text nun ins Englische, anschließend übersetzte Sam Ndlovuh den englischen Text in die südafrikanische Stammessprache „Ndebele“ – und dann wurde der Song aufgenommen.

… es war auch ein bemerkenswerter Moment, als wir gemeinsam mit der berühmten Band „Nazareth“ ein Konzert in der Wiener „Arena“ spielten. In einer Kritik in einer österreichischen Tageszeitung wurden beide Bands als „bierbäuchige und lautstarke Bluesmusiker“ bezeichnet. So etwas schweißt zusammen. Ein Jahr später rief Dan McCafferty, der Sänger von Nazareth, bei mir an und fragte, ob wir denn Lust hätten, mit ihnen ein Konzert an einem Kärntner See zu spielen, sie hätten gerade zwei Tage Pause und hätten sich an uns erinnert. Das wurde vielleicht ein geiles Konzert! Pete Agnew, der Bassist der Band, überreichte mir sein Gerät, als sie ihren Megahit „Love hurts“ einzählten. Etwas nervös verstreute ich zwar einige falsche Töne in den Song, trotzdem war das insgesamt einer der schönsten Momente in meinem Musikerleben.

Mit Nazareth, Arena, Wien

… es war auch so ein toller Moment, den Textauftrag für ein Olympialied zu erhalten. Kärnten bewarb sich gemeinsam mit Slowenien und der Region Friaul Julisch Venetien um die Olympischen Winterspiele 2004. Ein Musikerkollege komponierte den Song und ich steuerte den Text bei: „Ohne Grenzen, brez meja, senza confini …“

Mit unserer Band stellten wir das Lied bei der Ski WM in Vail, Colorado, USA, live vor und machten uns große Hoffnung auf die Austragung der Spiele. Den Zuschlag erhielt dann allerdings Sestriere.

Noch einmal – nur zum Verständnis: Auf dieser Seite der Theke stand ich mehr als zwanzig Jahre lang. Aus diesem Grund (und weil das Staunen über meine Veränderung dadurch vielleicht nachvollziehbar wird) erzähle ich hier von all diesen Ereignissen, auf die ich einmal so stolz war.

Da waren unzählige, durchzechte Nächte, Lachen und Spaß ohne Ende, Kontakte oder Freundschaften mit Künstlern, die es im Gegensatz zu uns ganz in die erste Reihe geschafft hatten, da waren ein Nummer 1 Hit in der österreichischen Hitparade, eine ausgiebige Fernsehpräsenz in ORF, ZDF oder BBC, zahlreiche Radioeinsätze, Live-Auftritte – beispielsweise mit Falco oder Konstantin Wecker, mit Memphis Slim, Louisiana Red, Roger Chapman, Spencer Davies Group, Stephen Bruton und vielen anderen Stars aus dem In- und Ausland.

Mit Falco, Burgruine Finkenstein, Kärnten

Niemals hätte ich mir träumen lassen, dass mein Leben einmal den Verlauf nehmen könnte, den es dann schließlich nahm. Und so sind all diese Geschichten aus heutiger Sicht eine schöne Erinnerung. Kein Stolz mehr! Nur Freude.

Mit Konstantin Wecker, Café Giesing, München

Heute sitze ich stundenlang im Wald oder auf meinem Felsen im Bach, brauche Gott sei Dank *niemand* mehr zu sein und freue mich darüber auch noch! Ich hätte mir diesen Verlauf nicht freien Willens ausgesucht, er muss mir also definitiv bestimmt gewesen sein! Es fühlt sich wie ein Beweis an: Niemand sucht sich so eine drastische Veränderung selbst aus!

Da ist heute auch kein Funke Wehmut mehr an diese vergangenen, „glorreichen" Zeiten, da ist nur Freude und Dankbarkeit für die vielen aufregenden Stunden und sonst nichts. Ich hatte zur Zeit der Trennung von der Band bereits eine zweite Karriere mit einem Dialekt-Projekt gestartet, das bis zum heutigen Tage gut funktioniert, und ich habe begonnen, mich als Autor zu betätigen. Übrigens gelingen Songs und Texte am besten, wenn ich total loslasse, wenn ich nicht darüber nachdenke, wie „mein" Werk aussehen soll. Dieser losgelöste Zustand ist faszinierend – ich sehe mich dann in einer Rolle, in der ich einen Stift zur Hand nehme und einen Text oder eine Melodie verfasse. *Es* entsteht einfach. Ich habe damit tatsächlich nichts zu tun. Wenn John Lennon nur gewusst hätte, dass er in Wirklichkeit mit der Entstehungsgeschichte von „Imagine“ nichts zu tun hatte und der Song *trotz* seiner Präsenz weltbekannt wurde!

Auf diese Art und Weise entstand auch dieses Manuskript hier. Ich begann zu schreiben, so wie es mir Amrita geraten hatte, nicht genau wissend worüber. Im Lauf der Tage und Wochen entstanden verschiedene Fragmente, die immer wieder verändert oder ergänzt wurden. Da war Ramesh, da war Amrita, da tauchte der Zeitungsartikel über meine Mutter auf, da kam weiß Gott was noch daher. Briefe, Träume, Texte, die mir einfach zufielen. Ich sehe das als Geschenk, das ich dankend annahm, in die vorhandenen Fragmente einarbeitete und auf diesem Weg weiterreiche.

So saßen wohl auch wesentlich namhaftere Leute wie Jimi Hendrix oder Hermann Hesse und taten einfach, was zu tun war. Jeder von ihnen übernahm in der Zeit, in der es die göttliche Allmacht vorsah, die Rolle, die er zu spielen hatte. So „passierte“ auch Mutter Teresa, so entstanden verschiedenste Psychopaten oder Charly Chaplin. Keiner von denen war so toll oder schlecht – jeder von ihnen tat ausschließlich das, was die göttliche Quelle für ihn vorgesehen hatte. Ramana oder Ramesh *wussten* genau das – das macht den feinen Unterschied.

Musikalische Biografie

Reinhold Habernig gründete 1983 mit einigen Freunden eine Band namens Bluesbreakers. Weil der Gründer der Band nach zwei Jahren aus gesundheitlichen Gründen ausschied, übernahm Ossi Huber seine Agenden und war fortan für das Organisieren der meisten „gigs“ zuständig. Im krassen Gegensatz zu den gut besuchten Konzerten in Peking gelang es der Band im Münchner Domizil, wo einst

„The Kinks“ oder „The Small Faces“ gespielt hatten, vor exakt *einem* Zuseher ein Konzert zu geben!

Die zweite Band, die gegründet wurde, hieß GANG – eine Rockgruppe, die Musik der Sixties und Seventies coverte und damit offensichtlich eine gefragte Live-Stimmung erzeugte, die die Band gar bis nach Amerika brachte. Auch ein legendäres Konzert am altehrwürdigen „Grand Place“ in Brüssel ist in guter Erinnerung.

Mit einigen Freunden war Ossi Huber auch in einem Dialekt-Projekt namens „Sterz“ verbunden, dabei wurden erste eigene Texte erfolgreich umgesetzt. Die Mitglieder von Sterz hatten aus Jux und Tollerei bei einem Wettbewerb mitgemacht, bei dem es darum gegangen war, Volksmusik mit modernen Pop-Einflüssen zu verbinden. Man gewann diesen Bewerb und als Preis dafür unmittelbar danach eine CD-Produktion.

Die Musiker hatten für den Bewerb ein schönes Kärntnerlied ausgewählt und es mit ihren Instrumenten völlig neu arrangiert. Schlagzeug, ein bundloser Bass und harmonische Gitarrenklänge wurden gemischt mit zwei bemerkenswerten Hauptstimmen, die das Kärntnerlied so sehr veränderten, dass kein Stein auf dem anderen geblieben war. Dies passierte sehr zum Ärger der konservativen Kärntnerliedszene. Die Stimmung, die sich gegen „Sterz“ breitmachte, verhalf der Gruppe natürlich zum Durchbruch! Neid und Hass selbsternannter „Liedschützer“ gingen so weit, dass Huber und auch andere Bandmitglieder anonyme Anrufe erhielten, in denen man ihnen gar mit Mord drohte! (Alle ehemaligen Sterz-Mitglieder leben übrigens noch heute!)

Darüber hinaus begann Ossi Huber, *eigene* Texte im Dialekt zu schreiben und Musik dazu zu komponieren. Daraus entstand ein weiteres Projekt namens „Huaba“. Jetzt konnten viele lang gereifte Ideen umgesetzt werden.

Nebenbei entstanden auch noch einige Bücher. Auslöser für das Schreiben war eine Tante, die traurig darüber war, dass niemand mehr im Kärntner Dialekt mit ihr sprach. Aus ihrer Trauer heraus, die sie mit siebenundneunzig Jahren in sich trug, entstand das erwähnte Dialekt-Projekt – zunächst mit Gedichten und Geschichten im Gurktaler Dialekt, dann kamen noch einige uralte Kochrezepte dazu und ein paar Melodien – so entstanden unter dem Titel „Karntna Kuchlklong" zwei Kochbücher, die nicht nur kochen, sondern auch noch singen und Geschichten erzählen konnten (also eine Musik CD beinhalten). Das Projekt entwickelte sich so erfolgreich, dass schließlich eine zweite Auflage beider Bücher erfolgte. Weiters erschien ein Lyrikband namens „Zuggarpliapleaggarzle".

Danach entstand eine Geschichte für Kinder, ein pädagogisches Buch für Kids zwischen fünf und acht Jahren, wobei die Story erzählt wird und das musikalische Element in Form von Songs mit eingebaut ist.

In einem weiteren Buch namens „Hundekot und Mangoeis" werden skurrile Kurzgeschichten, die fast wirklich passiert wären, erzählt.

Seit einiger Zeit spielt Oskar mit Freunden in einer akustischen Band namens „Humus" (siehe www.humusik.com).

Informationen über musikalische Bio siehe www.ossihuber.at oder Wikipedia.

Die Weggefährten, die Ossi Huber kennen – oder besser kannten, wissen, wer das ist – oder besser war. Nur eine Handvoll Menschen kennt auch die Veränderung, die hier stattgefunden hat. Viele Weggefährten sind auf „ihrem" Weg geblieben und haben heute kein oder zumindest wenig Verständnis für einen, der eine spirituelle Entwicklung genommen hat. Kaum jemand versteht Ossi noch. Wie denn auch? Ossi zieht sich seit einigen Jahren im Sommer an einen verlassenen, kleinen Bach zurück. Mehrmals wöchentlich hirscht er durch die Wälder, sitzt einfach nur still an einer Lichtung oder unter Bäumen. Er steht nicht mehr im Mittelpunkt und wird in der Promi-Gesellschaft sehr, sehr selten gesehen.

„Was ist denn mit dem los? Jetzt spinnt er total!“

Anfangs der Veränderung herrschte in mir noch ein wenig Verunsicherung. Schließlich habe ich etwas hinter mir gelassen, das mir viele Jahre Spaß gemacht hat. Doch mein Weg führte mich in eine andere Richtung und ich konnte gar nicht anders – ich musste ihm einfach folgen. Folgen in aller Konsequenz. Ich hätte alles dafür aufgegeben. Dies war nur teilweise notwendig, nicht in erheblichem Ausmaß, doch hätte jemand versucht, mich am Weitergehen zu hindern, er wäre chancenlos gewesen. Was immer auch ich tat – oder besser gesagt tun musste, es führte immer weiter zu mir selbst und ich hatte auch noch Spaß dabei. Etwas Schöneres gab und gibt es nicht – immer amüsanter klangen daher für mich die abfälligen, hinter meinem Rücken getuschelten Bemerkungen. Am meisten amüsieren mich die Wortmeldungen der selbsternannten „Strategen“, die mir ausrichten lassen, dass ich ihrer Analyse nach wohl nicht glücklich sein könne auf diesem sonderbaren Weg, den ich mir da ausgesucht habe. Nun – die Strategen müssen es schließlich wissen!

Ein Gradmesser für den Stand auf der Skala der Richtigkeit des Weges ist für mich die Tatsache, dass ich alle Bemerkungen, wie ungünstig oder bösartig sie auch sein mögen, aufnehmen kann, ohne selbst ungünstig oder bösartig zurückschlagen zu wollen. Das hätte „Ich bin Ossi“ früher niemals geschafft! Das sich in mir immer tiefer setzende Verstehen für „Alles was ist, ist so, weil es so sein muss“ hat einen Strich unter das aufbegehrende Ego – oder eben „Ich bin Ossi“ gezogen. Nicht „Ich bin Ossi“ hat diesen Strich gezogen. Es geschah einfach.

Wie der große Buddha sagte: „Dinge geschehen einfach, ohne dass es einen Handelnden gibt!“ Es kommt wohl nicht von ungefähr, dass die aktuellste Neurowissenschaft genau das bestätigt. Dies steht im krassen Gegensatz zur weit verbreiteten These, dass wir mit unserem Ego das Leben selbst bestimmen.

Ego …

Das Ego ist nicht der Gipfel der Selbstverwirklichung und des Erfolges, wie uns das die meisten Psychologen einreden oder wie uns Bücher – vorwiegend amerikanische – transportieren möchten. Im Gegensatz dazu machen viele spirituelle Traditionen das Ego zum Sündenbock schlechthin, was natürlich auch nicht der Wahrheit entsprechen kann. Eines steht aber fest: Das Ego des Menschen (andere Wesen verfügen über kein Ego) ist gleichzeitig der Ursprung all seiner Probleme! Schauen wir uns doch einmal um – alles um uns herum ist doch manifestiertes Wissen, ist schon die Quelle! Niemand braucht sich um seine Atmung zu kümmern – wir atmen Sauerstoff ein und Kohlendioxid aus. Automatisch. Nicht der Körper weiß es – nein, das ist manifestiertes Wissen! Unsere Körpertemperatur ist genau so, wie sie sein muss. Alle Organismen funktionieren einfach. Bäume wachsen von selbst, der Frühling kommt einfach, alles auf diesem Planeten funktioniert, ob einfach oder kompliziert. Das alles ist Gott und es ist nicht getrennt von uns! Nur wenn wir weiterhin glauben, wir sind der Handelnde, dann trennen wir uns vom manifestierten *Wissen*! Das Ego lässt uns fälschlicherweise glauben, dass wir die Handelnden sind – das ist eine Falle!

Jeder lebt sein persönliches *ich* und glaubt, sein *ich* wäre das einzig richtige. Und jeder sieht die Welt anders. Daher gibt es 7 Milliarden Welten! Also welche Welt ist jetzt die richtige? Die meisten versuchen natürlich – ganz in ihrem Ego gefangen –, den anderen *ihre* Welt drüberzustülpen, als wäre die *ihre* die einzig richtige und müsste „logischerweise" auch die Welt aller anderen sein. Daraus ergibt sich die Tatsache, dass man Fehler und *falsche* Ansichten immer nur bei den anderen sieht. Doch *alle anderen* stellen in Wirklichkeit nichts anderes dar als nur unser eigenes Spiegelbild!

Wenn wir also an jemand anderem etwas nicht mögen, dann dürfen wir getrost einmal ganz genau hinschauen und uns *ehrlich* fragen, was wir an uns selbst – vielleicht unbewusst – nicht mögen und aus Blindheit heraus auf jemand anderen projizieren. Es ist eine Eigenheit, dass Menschen ihre eigenen Fehler zuerst im andern erkennen.

Wir können mit unseren Augen alles andere sehen, nur unsere eigenen Augen nicht! Dafür brauchen wir einen Spiegel! Alle anderen – die ganze Welt da draußen –, das ist nichts anderes als unser eigenes Spiegelbild. Weil wir unsere eigenen Augen selbst nicht sehen können, entsteht unsere Welt da draußen mit all den anderen …

Die Psychologie macht den Fehler, das Ego eher noch zu stärken, schließlich brauchen wir ein starkes Ego, um uns zu behaupten! Das Erziehungssystem, das Schulsystem, all diese Systeme fördern in Wirklichkeit das Ego, indem sie von Beginn an einen Konkurrenzkampf in die Köpfe der jungen Generation pflanzen, der die Jungen fortan durch das Leben begleiten wird. „Du musst schneller, höher, weiter, besser, erfolgreicher sein als die anderen, als die Konkurrenz!" Das einfache Sein bleibt auf der Strecke. Einfachheit ist keine Kategorie unserer Systeme. Einfachheit ist nicht erstrebenswert.

Die Gesellschaft macht aus uns allen Teilnehmer an den Egospielen. Wir haben eine Nationalität, einen Glauben, sind ehrgeizige Schüler, die im System alles lernen bis zur Prüfung an der Uni. Jetzt tragen wir sogar einen Titel, sind einflussreich, haben Geld und Macht – aber: *Wer sind wir wirklich*? Die Egospiele drehen sich um Macht, Geld, Beziehungen. Die ganze Welt ist in dieses Spiel involviert. Nur ganz wenige sind aufgewacht und spielen nicht mehr mit.

Das Ego ist eine Lüge, die die Menschen akzeptiert haben. Daraus ergeben sich auch Vergangenheit und Zukunft, denn nur in diesen Zeiten, die es gar nicht gibt, kann das Ego bestehen. Weil es Vergangenheit und Zukunft in Wirklichkeit nicht gibt, gibt es in Wirklichkeit auch kein Ego, denn das Ego könnte im *Jetzt* nicht existieren.

Ossis spirituelle Entwicklung

Wenn die innere Einsicht kommt – zu mir war sie immerhin mehr als zwanzig Jahre unterwegs –, dann geht diese Errungenschaft mit einer gewissen Stille einher. Das ist dann der Zeitpunkt, zu dem sich viele sogenannte „Freunde“ verabschieden. Sie suchen lieber die Nähe von Leuten, die glänzen, die erfolgreich sind, die „laut“ sind, in deren Lichtkreis sie selbst auch ein bisschen leuchten können. Menschen sonnen sich gerne an der Oberfläche und lassen sich berieseln.

Mein Weg war gekennzeichnet von sehr vielen, oft sehr engen Kurven. Er führte mich zuerst zum „channeling“, dies schon vor mehr als fünfundzwanzig Jahren, also in einer Zeit, in der ich gerade dabei war, mich als „Minipopstar“ und Thekensteher zu etablieren. Diese spirituelle Erfahrung schlug ein wie ein Blitz, nicht zuletzt, weil sie Kindheits- und Jugenderinnerungen wiedererweckte. Von da an war mein Leben von einer Suche bestimmt, die mich in den letzten zwanzig Jahren mit verschiedensten Theorien, Lehren oder Inhalten zusammenbrachte.

Eine erwähnenswerte Station war „psychology of vision". Chuck Spezzano, der als Autor von Weltbestsellern bekannt ist, hat diese Plattform in seiner Heimat Hawaii gegründet. Jeff Allen, sagt man, sei einer seiner talentiertesten „Master". Ich durfte einer siebentägigen Veranstaltung mit Jeff beiwohnen. Ein wunderbarer Mensch, der den mehr als hundert Teilnehmern in tiefgreifenden Aufstellungsszenarien Erkenntnisse näher brachte, die jeder schon in seinem Herzen trug und die nun offensichtlich zu Tage traten.

Eine neuntägige Teilnahme an einer Avatar-Ausbildung in Holland kostete zwar ziemlich viel Geld, brachte mir allerdings durch tolle Übungen ein Werkzeug für gewisse Lebenssituationen ein. Einer weiteren, kostspieligen Ausbildung konnte ich erfolgreich ausweichen (durch verschiedene NLP-Erfahrungen war ich nicht manipulierbar), ich möchte mich dazu aber auch nicht näher äußern. Die Übungen, in denen ich sehr viel gelernt habe, sind sehr speziell und nachvollziehbar.

Diese Ausbildung „Avatar" zu nennen, erscheint mir jedoch sehr gewagt. Ein Avatar ist meines Wissens nach ganz etwas anderes. Dazu kann sich niemand ausbilden lassen!

Ich setzte mich also auch mit NLP (neurolinguistisches Programmieren) und vielen anderen Themen auseinander (als Bildungsbeauftragter hatte ich in meinem Brotberuf jahrelang die Möglichkeit, unzählige Seminare mit breit gefächertem Inhalt zu besuchen) und geriet nach vielen Jahren schließlich an Robert Adams' Advaita Vedanta-Botschaft „Stille des Herzens". Eine schwere Seminarmüdigkeit hatte sich breit gemacht, und als ich anfing, den ersten Band zu lesen, *wusste* ich sofort: „Jetzt geht's nach Hause!“ Es hat mir so viel Freude bereitet, dieses Buch zu lesen, dass ich es gar nicht mehr weglegen konnte. Einmal fertig gelesen, fing ich sofort wieder von vorne an. Das Buch las sich bei jedem neuen Durchgang anders und der Inhalt verbesserte mein Befinden laufend. Da war plötzlich nichts mehr, woran ich glauben musste, keine Religion, keine Lehrsätze, keine Anleitung, wie man etwas machen muss, um zum Ziel, glücklich zu sein, zu gelangen. Ein Buch, das einen Weg wies, dem ich ganz einfach folgen konnte, aber nicht musste. Vielmehr kristallisierte sich heraus, dass es mein individueller Weg ist, dem ich zu folgen habe, und keinem anderen. Alle Hindernisse wurden wie von Zauberhand weggeräumt und die Reise führte mich langsam von außen nach innen. Da wollte ich hin! Dieses Buch zeigte mir aber gleichzeitig auch auf, dass genau dieses „irgendwo hin wollen“, dieses Verfolgen eines Zieles, das Ziel selbst in weite Ferne rückt. Am Anfang klingt das sehr absurd, langsam aber sickert diese Wahrheit ein!

Nun verfolgte ich Robert Adams' Weisheit einfach chronologisch nach hinten und es ließ sich nicht vermeiden, bei Roberts Meister Ramana Maharshi anzukommen. Auf Ramanas Spuren wandelte ich anderthalb Jahre später in Südindien. Das Ausmaß seines Wirkens kann jeder Besucher von Tiruvannamalai und des Berges Arunachala verspüren.

Einer von Ramanas Schülern heißt H.W.L. Poonja – „Papaji“ genannt. Die Klarheit in seinen Büchern spricht für sich und muss nicht interpretiert werden. In einem Interview verriet Papaji, dass man danach trachten sollte, einmal einem lebenden Meister zu begegnen und ihm direkt in die Augen zu sehen. Dieser Rat von Papaji sprach mich so sehr an, dass ich spontan beschloss, einem seiner

Schüler, Madhukar, in die Augen zu sehen, wie weit ich für diesen Blick auch um die Welt reisen müsste. Drei Wochen später war der deutschsprachige spirituelle Lehrer in Wien und ich natürlich auch! Und er schenkte mir diesen ersehnten Blick. Madhukar hat wohl dieses besondere Glitzern in seinen Augen, das für Suchende, die knapp vor dem Finden stehen, die spirituelle Initiation sein kann.

Ramana hat einmal gesagt, dass der oftmals ersehnte Meister gerade dann auftaucht, wenn er auftauchen muss, nämlich wenn die Bereitschaft des Suchenden so groß ist, dass die Suche ein Ende findet. Die Zeit zum Aufwachen ist gekommen.

Wie sich die Zeit mit dem gefundenen Lehrer weiter entwickelt oder ob ein anderer an seine Stelle tritt oder aber gar keiner mehr, dieses Geheimnis offenbart sich zur gegebenen Zeit von selbst – die Antwort sitzt innen!

Als ich in weiteren Satsangs mit Madhukar saß – unter anderem auch in Goa –, fühlte ich in seinem Umfeld etwas, das mich körperlich und auch geistig wieder von ihm wegzog. Die in diesem Umfeld gespielten Spielchen würde ich am ehesten unter „Stille Post" einordnen. An solchen Spielen wollte oder konnte ich noch nie teilnehmen. Madhukar selbst bin ich für das Hinweisen auf meinen weiteren Weg unendlich dankbar. Er hat meine inneren Wände abgerissen und meine Suche zu einem Ende gebracht. Da bleibt eine tiefe Dankbarkeit und Liebe übrig, die keine weiteren Worte oder Erklärungen nötig macht. Es war eine sehr erfolgreiche Operation!

Einige Tage nach der Rückkunft aus Indien lernte ich Amrita kennen, die einmal im Monat vom Chiemsee in ihre alte Heimat Klagenfurt kommt, um da – quasi drei Kilometer vor meiner Haustür – Satsangs zu halten. Das geschieht immer in umfassender Liebe, die von Amrita wegströmt und die Gruppe erfasst, die vor ihr sitzt. In diesem Grüppchen saß auch ich regelmäßig und genoss – meist schweigend – das Geschehen. Mir wurde klar, dass eine Veränderung in mir begonnen hatte. Der Dialog mit ihr forderte mich noch einmal, ganz tief nach innen zu blicken. Jedes Wort von ihr ist wahr und treffend. Einmal meinte sie: „Nenn deine Aufzeichnungen nicht Weg in die Stille, sondern ersetze das Wort Stille vielleicht durch Liebe!"

Wenn ich zunächst auch nicht wusste, wie und wo ich Amrita zwischen Ramana Maharshi, Ramesh Balsekar, Nisargadatta Maharaj und all den großen Meistern einordnen sollte, so wurde mir die Antwort darauf bald klar – glasklar. Ich habe soeben die Namen einiger großer Meister erwähnt; mit Ramesh verbindet mich ein tiefgreifendes Erlebnis, ich liebe Ramesh Balsekar. Mit Nisargadatta und Ramana Maharshi und auch mit anderen bin ich ständig über Bücher und in den vielen stillen Momenten verbunden.

Doch der lebende Meister, der hat sich mir mit Amrita aufgetan. Da ist soviel Liebe, soviel Klarheit und Weisheit, die von ihr ausgeht und die ich erfahren durfte. Zeitlich verzögert habe ich wahrgenommen, was Amrita meinte, als sie mich darauf hinwies, mir mein Leben von der Seele zu schreiben. Daraus ergaben sich einige Briefe. Als ich diese Briefe fertig geschrieben hatte, da wusste ich, dass ich damit noch offene, bisher geschickt verdrängte Probleme aufzuarbeiten hatte. Mit dem Schreiben sind die Wunden jetzt wirklich verheilt. Das hatte Amrita gemeint, als sie mir ein neu geschenktes Leben prophezeite.

Ich weiß, dass Ossi Huber kein Erleuchteter ist, vor allem kein Erleuchteter „werden" kann. Ich weiß, dass diese meine Körper-Geist-Figur eine der unzählbaren „Ausbuchtungen" der göttlichen Quelle ist, in der sich diese ständig neu erfährt. Ewig. Ich weiß, dass niemand erleuchtet werden kann. Ich habe erfahren, dass intellektuelles Lernen und die wirklich ernsthafte Suche Voraussetzungen sind, die einem den Weg weisen. Ich weiß, dass ich mir auf meine Entwicklung nichts einzubilden habe, weil ich meine Entwicklung nur scheinbar selbst herbeigeführt habe. Ich weiß, dass ich nicht „weiter" bin als irgendjemand anders. „Weiter sein …", das ist alles dummes Gerede. Die Ausbuchtung Ossi Huber war und ist einfach dort, wo die göttliche Quelle sie hinhaben wollte. Und ich bin damit zufrieden, friedlich, glücklich. Mein Ego begehrt wohl immer wieder auf – doch wesentlich seltener als früher einmal. Das ist wohl darauf zurückzuführen, dass die Reaktionszeit vom sogenannten Agieren als Aktion oder Reaktion bis zum Erkennen der Aktion als „individueller Täter", als persönliches Ich mit seiner ständigen Verstrickung immer kürzer geworden ist. Das Ego fühlt sich dadurch wesentlich harmloser an. Es ist mir unerheblich, wie „weit ich bin" oder noch kommen werde, ich befinde mich genau da, wo ich mich befinden soll – es gibt keinen Fehler!

Das Schreiben, insbesondere das der Briefe, hatte eine heilsame Wirkung. Danke Amrita, vor allem auch für den wertvollen Hinweis an meinen inneren Krieger, der für einige Briefe die Verantwortung übernommen hat. So vieles war verdrängt, unter den Teppich gekehrt worden. Nun hat ein unsichtbarer Besen den Staub gehörig aufgewirbelt. Unter dem Teppich ist es jetzt sauber!

Generell möchte ich zum Thema Meister oder Guru noch eine Bemerkung verlieren: Menschen, die sich gerne von einem imaginären Flötenspiel anziehen lassen wie einst die Kinder vom Rattenfänger von Hameln, werden einen Meister oder Guru finden, der die Flöte spielt, sei es mit seinen Augen oder mit seinem Körper oder mit seiner Ausstrahlung. Es gibt „Schüler", die sitzen zehn Jahre und noch viel länger vor ihrem Meister und warten, dass er ihnen die Erleuchtung in den Organismus flötet. Niemand kann erleuchtet werden, außer es ist Gottes Wille!

(Dein Wille geschehe!)

Krishnamurti

Der große Meister Krishnamurti hat vor seinen Schülern einmal gesagt: „Können Sie mich denn nicht verstehen? Ich sage seit fünfzig Jahren das Gleiche. Ich sehe einige von Ihnen jedes Mal vor mir sitzen. Immer dieselben Gesichter. Verstehen Sie denn gar nichts von dem, was ich sage? Oder glauben Sie, ich mache hier eine spirituelle Show?"
Und dann fing er an, wie ein Kind zu weinen …

Ehrlichkeit

„Nimm dieses Gold von mir, bezahle mit deiner Ehrlichkeit and off you go!"

Der Satz von Madhukar hat mir 2007 in Kitzbühel die Augen geöffnet. Dieser Hinweis ist eine der Grundbedingungen zur Befreiung aus dem immer wiederkehrenden Leid. Ehrlichkeit sich selbst gegenüber ist die Voraussetzung, um die Reise ins Innere überhaupt erst antreten zu können. Lügen schlagen schmerzvolle Kerben – am tiefsten ins eigene Fleisch! Wer ist schon immer ehrlich zu sich selbst und zu den anderen? Wenn man sich selbst gegenüber ehrlich ist, macht einem die Wahrheit anderen gegenüber keine Mühe mehr.

„And off you go!" – diese Passage steht für das Aufwachen aus dem Tiefschlaf! Ehrlichkeit ist die Basis für ein freies Leben. Für die Ehrlichkeit braucht man nichts zu wissen. Sie steht für sich allein und ist die Basis für die Wahrheit, nach der die Menschen suchen. Wahr ist, was immer ist. Was kommt und wieder geht – das kann nicht letztendliche Wahrheit sein. Hingegen muss wahr sein, was schon immer war und immer sein wird. Das Wissen der Wissenschaft ändert sich andauernd, also was soll dran wahr sein?

Jesus hat es schon gelehrt oder Buddha oder Laotse: Wissen ist ziemlich nutzlos. Wissen anzuhäufen bringt zwar gute Zeugnisse und erfolgreiche Abschlüsse, hilft uns jedoch unter dem Strich nicht weiter. Die Akademiker und Absolventen von Schulen, welcher Art auch immer, mögen mir meine Anmerkungen über ihr erworbenes Wissen nicht übel nehmen. Die größte Qualität des Wissens liegt für mich aber trotzdem darin, im erlernten Wissen zu erkennen, dass man „nichts weiß". Diese große Weisheit erkannte kein Geringerer als Sokrates, und man kann beileibe nicht sagen, dass Sokrates nicht weise war.

Der Unterschied liegt darin, ob jemand viel Wissen angesammelt hat und irgendwann erfährt, (ich betone *erfährt)* dass er mit all seinem Wissen auch nicht weiterkommt und es daher wieder von sich gibt. Der andere Typ ist der, der mit seinem erlernten Wissen immer brilliert, alle Prüfungen mit ausgezeichnetem Erfolg besteht und vor dem Fernseher jede Woche den Haupttreffer der Millionenshow gewinnt. Das dient vielleicht der Selbstbeweihräucherung oder bringt so manchen Titel als Bestätigung ein und trägt darüber hinaus zur künstlichen Verbesserung des Selbstvertrauens bei, mit Weisheit hat es aber nichts zu tun. Nur ein

Weiser kann sagen: „Ich weiß es nicht.“ Diese Unwissenheit hat etwas Schönes – sie wurde durch Wissen erreicht!

Private Beziehungen

Schon in der Volksschule hatte ich mich zum Schwimmer in der Gegenstromanlage entwickelt. Ich war nicht gewillt, mit irgendwelchen Strömungen zu schwimmen. Schon in der zweiten Klasse stellte ich meinen eigenen Willen unter Beweis, auch wenn es damals eher ungünstig für mich war.

Ich hatte eine schöne Kindheit. Wenn es auch keinen Luxus gab, so war es doch eine friedliche Zeit ohne ansteckende Krankheiten, ohne Aids, ohne Krieg, mit vielen Freunden und Freuden. Ich stand gerne im Mittelpunkt und gab den Ton an. Ich nehme an, das hatte wohl mit der Rolle zu tun, die mir als Sohn eines Bürgermeisters zugefallen war. Auf der einen Seite wurde ich von den anderen anerkannt und gleichzeitig als Sohn wohlhabender Leute eingeschätzt. Auf der anderen Seite trug ich in Ermangelung eigener Hemden jene meines Cousins nach. Der Bürgermeister hatte Geld zu spenden, weil es viele Menschen gab, denen es noch schlechter ging. Zu Hause wusch sich der Bürgermeister in einer Schüssel und ging zur Toilette am Gang! Er hatte kein Wohnzimmer. Ich wuchs also mitten in diesen Gegensätzen zwischen arm und reich auf. Dieses scheinbare Paradoxon begleitet mich schon mein ganzes Leben. Es ist Teil meiner Prägung. Vielleicht konnte daraus ein spirituelles Verständnis für das Paradoxe erwachsen. Alles und nichts zugleich. Gott und niemand zugleich. Das klingt paradox und ist es für mich überhaupt nicht!

Auch in meiner Internatszeit war ich jemand, der seinen eigenen Weg ging. Im Internat in Lienz hatte ich mit sechzehn Jahren meine erste Band namens „Universe“. Hauptgrund dafür war wohl, dass man als „guitar player“ leichter an die hübschen Mädchen rankam. Wir spielten zum Fünfuhrtee und tatsächlich – die Mädchen waren da und verbrachten ihre Zeit auch nach dem Konzert mit uns.

Mit sechzehn machte ich auch die ersten Erfahrungen mit dem weiblichen Geschlecht und muss zugeben – seither liebe ich die Frauen! Ich liebe die Zusammenhänge, die sie finden, ich liebe ihren Duft, ihre Art zu gehen, ich liebe den Hang der Frauen zum Frieden. Frauen sollten mehr zu reden haben – das wird jedoch genau durch die forschen Forderungen vieler Frauen nicht wirklich gelingen. Dieser Kampf wird nämlich mit männlichen Mitteln und Frisuren ausgetragen, das passt nicht zusammen.

In den sechs Jahren meiner Internatszeit hat mich mein Vater sehr selten besucht. In dieser Zeit hat sich in mir eine Mischung von Trauer, Wut und Neid aufgebaut, weil meine Kollegen durchaus Besuch von ihren Vätern erhielten. Meine Mutter habe ich dafür umso mehr geliebt. Stundenlange Zugreisen hat sie auf sich genommen, nur um ein paar Stunden mit mir zusammen sein zu können. Sie brachte so viele Opfer und hat sich selbst immer zurückgenommen. Das war Liebe – reinste Liebe vom Herzen. Wenn sie vor der Tür zum Internat stand, ging mein Herz auf, so schön war ihr Lachen und ihre Freude. Und sie steckte alle an – hat geleuchtet vor Liebe!

Vater war bei der Jagd oder beim Fischen oder am Tarock-Tisch – er kümmerte sich nur wenig um mich – das hat angehalten bis zum Tod meiner Mutter. Ihr Abschied war wie ihr Leben – still und bescheiden. Sie saß mit achtundfünfzig im Korbsessel in der Küche, als der Tod sie überraschte. Bald nach ihrem Tod bestimmte das Bezirksgericht anlässlich der Verlassabhandlung ihren Bruder, der gleichzeitig mein Taufpate war, zu meinem Kurator. Ich war schließlich noch minderjährig und erlebte statt einer

Unterstützung durch den vermeintlich lieben Onkel eine böse Überraschung. Um dieses Verwandtschaftskapitel zu Ende zu bringen, beauftragte ich kürzlich meinen inneren Krieger, diese beiden Briefe hier aufzusetzen:

Hallo Onkel K.,
du warst für mich eine große Enttäuschung. Als mein Taufpate hättest Du mir eigentlich nach den katholischen Gepflogenheiten helfen sollen, als ich nämlich Hilfe brauchte und niemanden hatte. Du hast genau das Gegenteil getan. Dabei habe ich Dich als Kind so bewundert – am liebsten hätte ich Dich als Vater gehabt. Als meine Mutter, Deine Schwester, starb, da hast Du Dich in eine Verlassenschaft gedrängt und letztendlich groß abgeräumt. Jeder wusste, dass Dein Wohnrecht im Haus Deiner verstorbenen Mutter, das nach ihrem Tod zur Hälfte unter meiner Mutter und meiner Tante aufgeteilt wurde, auf ein kleines Zimmerchen draußen im Hof beschränkt war, dies für Notfälle – falls Dich Deine wohlhabende und tüchtige Lebensgefährtin einmal hinauswirft. So hat Oma das immer erzählt. Doch Du hast Dich als mein Kurator selbst zum Haupterben reklamiert und hast aus einem kleinen Zimmerchen gleich eine ganze Wohnung „gemacht" und zwar auch noch die, die ich gerade bewohnte. Einige Jahre später bekamen wir mit meiner Freundin ein Baby. Du hast mir in dieser Zeit ein altes Bild und ein Sofa – beides war im Besitz Deiner Schwester in Wien – weggenommen. Das Sofa, das dann irgendwo bei Dir herumstand, hat mir als Kind über viele Jahre als Bett gedient. Zwar brauchtest Du beides nicht, aber ich sollte es auch nicht haben. Du nahmst damals einer jungen Familie die Basis zum Leben – wie arm!

Einige Zeit später hast Du erreicht, was Du wolltest – Du hast Deiner Schwester in Wien auch noch ihre Haushälfte abgeschwatzt – nun gehörte plötzlich das ganze Haus Dir. Von einem kleinen Wohnrecht zu einem großen

Haus – man muss Dir gratulieren, Du bist über Leichen gegangen, wenn es um Geld ging! Du hast mich wirklich betrogen, und zwar um das Haus, das zwar alt, mir aber eine Heimat war. Ganz clever hast Du das gemacht. Du hast mich abgefunden mit einem geringen Schätzwert und mich aus meiner Heimat vertrieben. Dann, viele Jahre später, nach meiner Trennung von meiner Tochter, hast Du mich als Zigeuner bezeichnet. Weißt Du, was Zigeuner tun? Sie ziehen herum, weil sie keine wirkliche Heimat haben. Sie sind kreativ geworden, verdienen ihr Geld oft mit Musizieren. Du hast mich beschimpft, weil ich meine Tochter verlassen habe, ohne etwas über die wirklichen Hintergründe zu wissen.

Du selbst hattest eine ledige Tochter, die Du nicht einmal kennen lernen wolltest und für die Du nie in Deinem Leben einen Finger gerührt und sie und ihre Mutter niemals mit einem Groschen unterstützt hast. Du warst immer zu gierig und zu feig dazu. Zu guter Letzt glaube ich aber, Du warst krank. Über Deine Lebensgefährtin hast Du Dich öffentlich lustig gemacht, weil sie äußerlich halt ein bisschen fülliger war als die Frauen, denen Du nachgepfiffen hast. Sie aber war es, die Dir Dein Geschäft und Deine Familie immer zusammengehalten hat. Sie war die Stabile und Du warst der, der immer um die Häuser gezogen ist. Als sie dann gestorben war, hast Du gesehen, wer Du dann noch warst? Ein kleines, armes Wichtlein, das bis zum letzten Atemzug böse war, sogar zum eigenen Sohn. Und zu sich selbst!

Ich danke Gott, dass er mich nicht mit Besitzgier belegt hat, ich habe die Vertreibung aus der Heimat und die Wegnahme von Dingen durch Dich doch glatt vergessen!

Liebe Tante A.,
ich habe Dich gern gehabt, auch wenn Du Dich mir gegenüber sehr eigenartig verhalten hast. Du warst die Besitzerin der zweiten Haushälfte und hast nach dem Tod Deiner Schwester (meiner Mutter) – obwohl auch Du über das Wohnrecht Deines geliebten Bruders im Zimmerchen am Hof ganz genau Bescheid wusstest – ein falsches Spiel mitgespielt. Nach zehn Jahren scheinst Du es überlauert zu haben, denn da schenktest Du mir plötzlich das alte Sofa, das ja ohnehin meines gewesen war, bevor es mein Taufpate abholte. Auch das Bild gabst Du mir zurück, etwas später schenktest Du mir sogar eines Deiner vielen Sparbücher. Komisch. Nach zehn Jahren hast Du also Dein Gewissen beruhigt. Vorher aber hast Du ganz kühl zugesehen, wie ich als Dein Neffe um meinen Erbteil betrogen wurde. Und damit noch nicht genug: Als Dein betuchter Ehemann gestorben war, wurdest Du plötzlich zur Millionärin und ließest noch einmal Unrecht zu.

Da waren keine eigenen Kinder, nur einige Verwandte. Du hast ausgerechnet mich ausgesucht, um über den Nachlass nach Deinem Tod zu verfügen, obwohl es da Verwandte gab, die Dich viel öfter als ich besuchten, vielleicht wohl auch, um einmal etwas vom großen Besitz zu erben. Trotzdem hast Du mich zum Verwalter Deines Besitzes gemacht, hast dabei aber etwas Entscheidendes vergessen: Es schriftlich zu formulieren. Ich habe mich damals gefragt: „Warum ich?“

Ich war selten da. Wenn ich meine Tochter in Wien besuchte, dann kam ich manchmal vorbei, vor allem, weil ich Deinen Wiener Schmäh liebte. Dein Geld war mir egal. Deiner gierigen Betreuerin S. war das Geld nicht egal. Und der Frau des Juristen war dein Geld auch nicht egal. Oh Gott. Die beiden haben sich etwa zwei Millionen Euro unter den Nagel gerissen! Alles, Dein Haus am Wiener-

wald, Deinen Grund am Schafberg, Deinen Grund in Hütteldorf, Deine Sparbücher – alles haben die beiden unter sich aufgeteilt. Legal! Testament! Dein letzter Wille!

Wie viel Angst Du bezeichnenderweise genau vor diesen zwei Personen immer hattest! Immer wieder hast Du befürchtet, dass Frau S. und die Frau des Juristen Dich um Dein Geld bringen werden! Siehst Du: Du hattest zu Recht Angst – Deine Befürchtungen haben sich bestätigt! Wenn das sprichwörtliche „sich im Grab umdrehen" jemals auf jemanden zugetroffen hat, dann auf Dich!

Nun hat sich Deine ehemalige Betreuerin so richtig breit gemacht in Deiner Villa und blickt hinunter auf Wien und auf Deine wenigen Verwandten. Ich weiß, das wolltest Du nicht!

Mir tut es leid wegen meiner beiden Schwestern, wegen meines Cousins Franz, der immer von Euch allen geschnitten wurde, und auch wegen meiner Tochter. Sie alle hätten sich schon über einen winzigen Teil Deines Vermögens sehr gefreut und ihn auch gut brauchen können. Und mir tut es leid, dass Du keinen Frieden finden konntest.

Ich habe Dich wirklich gern gehabt und das gilt auch noch heute.

Ruhe in Frieden …

Vom Todestag meiner Mutter an setzte mein Vater wohl keine großen Hoffnungen mehr in sein Leben. Er hat mich aus dem Internat nach Hause geholt, weil er plötzlich ganz allein war. Doch habe ich ihm seine vielen Erwartungen nicht erfüllen können. Da war keine Liebe – ich habe oft darüber nachgedacht, warum diese Liebe meines Vaters einfach fehlte. Die Antwort darauf erhielt ich erst lange nach seinem Tod bei einer Familienaufstellung. Darin stellte ich einen mir völlig unbekannten Mann als meinen Vater auf. Der Aufsteller, ein Psychiater, der mit Bert Hellingers Methode sehr vertraut ist, forderte mich auf, meinen Platz zu meinem Vater gemäß meiner Sicht einzunehmen. Nun, ich stellte mich so weit wie möglich entfernt von „Vater“ hin und wendete auch noch mein Gesicht ab, wohl um das Maximum an Ablehnung anzudeuten – so sah ich also das Verhältnis zu meinem Vater! Nun passierte etwas Bemerkenswertes: Der wildfremde Mann, den ich für meinen Vater quasi „ins Abseits“ gestellt hatte, fing an zu weinen und meldete beim Aufsteller tiefe Traurigkeit und den Wunsch an, mich näher bei sich haben zu wollen. „Sag einmal, das wievielte Kind war eigentlich dein Vater?“, fragte mich der Aufsteller und gleichzeitig mit meiner Antwort: „Das fünfzehnte und letzte“, fiel mein Unbehagen ab – wie Schuppen von Haaren.

„Was meinst du, wie viel Liebe haben Eltern noch für ihr fünfzehntes Kind?“

„Nichts – keine Liebe“, entgegnete ich und war den Tränen nahe.

„Verstehst Du jetzt? Dein Vater hatte selbst keine Liebe bekommen, er hatte also nichts und er hat alles gegeben, was er geben konnte. Mehr war da nicht!“

Langsam ging ich auf „meinen Vater“ zu, der mit ausgebreiteten Armen dastand und mich liebevoll annahm. Wir weinten beide vor Verständnis und nachträglichem Glück. Seit diesem Moment hatte ich nie mehr einen Vorwurf für meinen Vater. Da blieb nur Liebe zurück – spät, aber doch. Ein Meilenstein im unfertigen Puzzle!

Nach dem Tod meiner Mutter erlebte ich paradoxerweise bald eine unbeschwerte Zeit – trotz des Schmerzes, der manchmal hochkam und den ich verdrängte. Es gab da eine Vielzahl von wunderschönen jungen Frauen, die mir viel Trost spendeten und mein Leben versüßten. Ich war gefangen in der ständigen Abwechslung. Trauer und Wut über das frühe Weggehen meiner Mutter auf der einen Seite, Spaß und Freude am Leben auf der anderen.

Meine erste ernstere Beziehung endete so, wie keiner von uns das wollte. Wie meistens im Leben, wenn die sogenannte „Liebe“ einschlägt und man sich Gedanken über die wunderbare Zukunft macht, kommt es anders, als man denkt. Du kennst ja die Konsequenz nicht, du gehst den Schritt in eine Beziehung, die Partnerin wird schließlich schwanger und du malst dir die perfekte Familie aus mit dem kleinen Häuschen im Grünen, dem sicheren Job – Friede, Freude, Eierkuchen. Und die Wirklichkeit? Streit und Hader, Trennung. Es gab nichts zu retten, unser gemeinsames Kind entwickelte sich prächtig, doch wir beide taten genau das Gegenteil. An meinem Vater hatte ich die ewige Lieblosigkeit beklagt – niemals würde mir das bei meinem eigenen Kind widerfahren! Und jetzt? Wo war meine Liebe? Ich ging weg – hatte noch zuvor einen lukrativen Job in Kärnten an den Nagel gehängt, um in Wien mit Freundin und Kind eine neue Zukunft aufzubauen. Wir verstanden uns trotzdem nicht, waren wohl auch noch zu jung. Das Geld war ausgegangen, ich hatte keinen Job, was tun? Ich hatte also meine Mutter verloren, meinen Vater nie gefunden und verlor – aufgrund der damaligen Disharmonie mit der Mutter meines Kindes – auch noch sie und mein Mädchen. Viele Jahre hindurch hab’ ich Briefe geschrieben, weil ich meine Gefühle zurückgehalten habe, um all die Streitigkeiten nicht auf dem Rücken meines Kindes auszutragen. Emotionen hätten mich beinahe das Besuchsrecht gekostet, ab jetzt war ich also schön brav und funktionierte so, wie man es wünschte, Hauptsache, ich konnte meine Tochter sehen.

Heute erkenne ich in ihr vor allem die Bescheidenheit meiner Mutter wieder, so, als wäre sie über eine Generation hinweggesprungen und mitten im Herzen meines Mädchens gelandet.

Ich weiß nicht, wie viele Briefe es waren, die ich schrieb. Viele. Tränen, Traurigkeit. Nur das „Nach- innengehen und dort verweilen“ hat mich gerettet. Da war noch ein anderes „Ich“, eines, das mit dem „Ich-Gedanken“ nur sehr wenig zu tun hatte, das sich zurücknehmen konnte, das verzichten konnte.

Vor einem Jahr hat meine Tochter ihr Architektur-Studium erfolgreich abgeschlossen. Ich würde mir einen viel herzlicheren Kontakt wünschen, der sich nicht an der Menge der Besuche, sondern an ihrer Qualität orientiert. Doch jetzt spüre ich förmlich, dass ich noch einen Brief zu schreiben habe:

Mein liebes kleines Mädchen,
meinem Vater habe ich immer vorgeworfen, dass er alles falsch gemacht hätte mit seinen Kindern, dass er zur Liebe nicht fähig gewesen wäre.

Ich weiß bis zum heutigen Tag nicht, wie ich Dir je hätte klar machen können, dass ich mich von Deiner Mutter getrennt habe, als Du gerade ein Jahr alt warst. Natürlich ist der Eindruck entstanden, dass ich Dich im Stich gelassen habe. Aber das stimmt nicht – hat nie gestimmt!

Wir haben mit Deiner Mutter viel gestritten. Da war nur mehr wenig Verbindendes zwischen uns. Wir waren beide Jugendliche damals. Die Eltern Deiner Mutter haben mir die Tür ins Haus versperrt. Mein Eintritt war nicht erwünscht, wenn ich Dich abholen kam. Es fühlte sich für mich an, als würde ich ein Paket abholen und abends wieder zurückbringen. Wenn ich Dir eine besondere Freude machen wollte, wurde uns beiden das manchmal verdorben.

Ich werde es nie vergessen: Du hast so geschwärmt vom Song „Lemon tree“ von „Fools Garden“. Ich hatte mit meiner Band einen gemeinsamen Auftritt mit Deinen Lieblingen. Am nächsten Tag war ein gemeinsames Picknick am Faakersee organisiert. Wie habe ich mich gefreut, Dir ein Treffen mit Deiner Lieblingsband zu ermöglichen! Am

Morgen des großen Tages wurde ich – ganz kurzfristig – in Kenntnis gesetzt, dass eine Kanufahrt im Mölltal oder irgendwo „dazwischen gekommen“ sei. Kein „Lemon tree“! Solche Dinge passierten öfter und ich habe sie über siebzehn Jahre still erleiden und dulden müssen. Mit achtzehn (!) „durftest“ Du zum ersten Mal bei mir übernachten.

Ich hab all die Emotionen hinuntergewürgt, um Dich nichts spüren zu lassen von dieser Disharmonie. Andererseits hat Deine Mutter alles für Dich gegeben, und das war wirklich viel. Sie war immer für Dich da – heute weiß ich das sehr zu schätzen –, damals war ich schwer gekränkt, das hat richtig weh getan und ich habe den Schmerz immer heruntergeschluckt.

Ich habe mich die ganzen Jahre an „Regeln“ gehalten, weil ich Dich sonst wohl überhaupt nicht hätte sehen dürfen. Mit einem Rechtsanwalt hat man mir gedroht. Deshalb habe ich Dir die vielen Briefe geschrieben.

Mein Mädchen, ich liebe Dich und ich bin draufgekommen, dass ich vielleicht das gleiche durchlebe wie mein Vater mit mir. Solche Muster wiederholen sich leider immer wieder – so lange, bis man ihrer bewusst und damit habhaft wird.

Da ist soviel Liebe und ich konnte sie Dir immer nur aus weiter Entfernung geben. Mein Vater hatte nicht mehr und ich hatte wohl auch nicht mehr. Was hätte er geben können, was hätte ich sonst geben können? Ich denke, dass dieser versteckte Vorwurf noch heute zwischen uns beiden steht. Und ich hoffe, dass Du eines Tages verstehen können wirst, wovon ich spreche. Ich meine es ganz ehrlich und bin ganz offen zu Dir.

Ich habe diese Liebe sehr spät gefunden und ich möchte sie Dir weitergeben. Ich glaube, nein, ich weiß, es ist nie zu spät! Ich habe meinem Vater erst verzeihen können, als er schon Jahre lang unter der Erde gelegen hatte.

Ich freue mich über Dein Weiterkommen. Ich freue mich über Dein menschliches Tun, über Deine wunderbare Art, Deine Bescheidenheit, über Deine Einfachheit.

Ich wünsche Dir, dass Du viel Liebe in Dir tragen darfst und vor allem auch die Fähigkeit entwickeln kannst, sie weiterzuschenken, vor allem an die, die Dich mögen und lieben.

In Liebe, Dein Papa

Von Freundin und Tochter getrennt und daher von Wien in meine alte Heimat zurückgekehrt, nahm ich damals den Job eines Repräsentanten für Musikinstrumente an. Als Vertreter fuhr ich mit diversen Saiteninstrumenten quer durch Österreich, Bayern und Südtirol, tausende Kilometer.

Zwei Jahre danach ging es mit der Band los. Als ehemaliger Rhythmusgitarrist lernte ich schnell, die Bassgitarre zu spielen. Schon bei den ersten Proben hörten wir, dass aus dieser Band was wird. Nun suchte ich noch einen sicheren Job, der mir das Musizieren als sogenannte Nebentätigkeit gestattete. Dabei war mir mein Vater sehr hilfreich. Seit 1983 habe ich nun diesen sicheren Job – Karriere- und Aufstiegschancen habe ich immer zu Gunsten der musikalischen und kreativen Tätigkeit hintan gestellt. Es war mir nie wichtig, irgendeine leitende Funktion in einem öffentlichen Amt inne zu haben. Viele haben das nicht verstanden, denn mehrmals gab es lukrative Chancen. Doch mein Weg ging einfach in eine andere Richtung. Die Bühne ist zu meinem öffentlichen Betätigungsfeld geworden.

Einige Zeit nach der Trennung von meiner damaligen Freundin und Mutter meiner Tochter tat sich eine neue Liebe mit einer wunderbaren Frau auf. Mehr als zehn Jahre verbrachten wir zusammen. Es war meine längste und auch eine sehr harmonische Beziehung, die ich leider trotzdem leichtfertig zu Ende würgte, weil nach zehn Jahren eine andere Weiblichkeit lockte. Ganz nahe ist meine damalige Freundin am Tod vorbeigeschrammt. Meine Schultern waren schwer beladen mit Schuld. Diese Tonne an Gewicht verlor ich erst, als mir bewusst wurde, dass Schuld wie auch Neid, Stolz oder Hass durch das eigene oder durch ein anderes Ego aufgeladen werden. Aus dieser Erkenntnis ergab sich nach vielen Jahren ein wunderbares Gespräch mit meiner Exfreundin, bei dem sie mir verzieh, was es zu verzeihen gab.

Über viele Jahre und mit verschiedenen Partnerinnen habe ich danach erfahren, was es bedeutet, in einer Beziehung zu bleiben, in der sich beide nicht mehr so richtig wohlfühlen. Es bedeutet innere Zerrissenheit – es bedeutet Angst, Gewohnheit, Unehrlichkeit. Immer wieder war ich also mit Trennungen konfrontiert, oft war ich allein, manchmal auch über Jahre. Wiederholt hatten die Konsequenzen nicht mit den geplanten Absichten Schritt gehalten und kamen ganz anders daher als erwartet. Wieder einmal blutete die Nase, wieder angerannt an der ominösen Mauer!

Waren es ursprünglich immer die äußeren Reize gewesen, die mir Beziehungen bescherten, so war es im Laufe der Zeit immer wichtiger geworden, auch innerlich etwas zu „spüren". Als ich endlich genug von Frauengeschichten und deren unrühmlichen Ausgängen hatte, da kreuzte ein sehr cleveres Mädchen meinen Weg. Wir führten anfangs wunderbare Unterhaltungen. Das Mädchen hatte etwas, das ich so gerne mochte, dass ich es am liebsten gleich mitnehmen wollte in meine Heimat. Aber es war in erster Linie nicht etwa das äußere Erscheinungsbild, es war nicht das Begehren nach einem schönen Körper, nicht das Begehren nach der hübschen Frau (obwohl sie auch sehr attraktiv war und ist). Da war etwas, das von innen kam und diese innere Verbindung bescherte uns bald eine Hochzeit.

Bald forderte meine Frau meinen Körper im gleichen Ausmaß ein, in dem ich ihn zurückzog. Erstmals lebte ich an der Seite eines Menschen, den ich sehr liebte, aber wohl zu wenig begehrte. Das war eine sehr ehrliche Liebe, die jedoch traurig endete – aus heutiger Sicht enden musste! Die eheliche Verbindung war wohl ein überstürzter Fehler, der sich bald selber erkannte und letztlich in Trennung und Scheidung endete. Das musste einfach so kommen. Mir war die Sexualität abhanden gekommen. Zuerst hatte ich das als Segen gesehen, doch dann merkte ich bald, dass ich nur *meinen* Regungen nachgekommen war, jedoch *ihren* Forderungen und Wünschen nicht entsprechen konnte, so sehr ich mich auch bemühte.

So endete nach einigen Jahren auch diese Beziehung– wie könnte es anders sein – mustergerecht. Dabei hatte ich meinen romantischen Heiratsantrag während einer Konzertreise in Südafrika vorgebracht. Die Hochzeit selbst hatte auf der romantischen griechischen Insel Skopelos stattgefunden. Wir hatten da gemeinsam mit einem Künstlerpaar ein riesiges Grundstück erworben und wollten ein sanftes Tourismus-Szenario entwickeln, das gestresste Manager aus dem Wirtschaftsbereich mit kreativen Menschen auf einer griechischen Insel zusammenführen sollte. Unterschiedliche Ansichten und daraus folgende Differenzen ermordeten das Projekt, noch bevor es richtig zu atmen begonnen hatte.

Nach der Trennung ergriff mich dann „die große Liebe“ bei der Hand. Es war jedoch eine über viele Jahre gefesselte Liebe, und als die Zeit reif geworden wäre, um die Fesseln endlich zu sprengen, da entschied sich „die große Liebe“ kurzerhand für eine andere „große Liebe“. Die Enttäuschung hielt sich in Grenzen, auch wenn der kurze Schmerz heftig war. Aus dieser Entwicklung konnte eine weitere Erfahrung gewonnen werden, nämlich, dass die „große Liebe“ nichts mit wirklicher Liebe zu tun hat. Es handelt sich vielmehr um eine Verliebtheit, die nach einer gewissen Zeit wieder geht, so wie sie gekommen ist. Beziehungen, bei denen aus der Verliebtheit heraus eine tiefe Verbundenheit entsteht, die schließlich auch auf körperliche Begierden verzichten kann und die sich mehr und mehr zu einer reinen Wesensverbindung entwickelt, die freilässt und verzeiht, die anhält und immer da sein wird – solche Beziehungen sind rar. Es gibt sie nur selten, weil fern der Begierde ein Verständnis entsteht, das weit hinausreicht über „Ich brauche dich, ich begehre dich, ich will etwas von dir, und wenn du nicht willst, was ich will, dann bin ich beleidigt". In einer reifen Beziehung wird das Ego immer kleiner und die Liebe für den anderen immer mehr spürbar. Daraus ergibt sich ein Zusammensein, das viel mehr wiegt als eine Verliebtheit, die wieder vergeht, wenn die Zeit dafür reif ist.

Nach fast vierzig Jahren lernte ich meine Kindheitsliebe wieder kennen und zog bald mit ihr in meiner Wohnung zusammen. Rein äußerlich war und ist sie eine Schönheit. Für mein Innenleben ergab sich aber eine völlig neue Situation: Ihr Engagement in ihrem Beruf ließ es kaum zu, dass wir gemeinsame Stunden verbringen konnten, erlaubte es mir aber gleichzeitig, enorm viel Zeit für mich selbst zur Verfügung zu haben. Nie zuvor hatte ich so viel Zeit für mich selbst!

Die prickelnde äußerliche Zuneigung, die man fälschlicherweise oft Liebe nennt, wich nach der üblichen „Prickelzeit" einem ganz neuen Gefühl, nämlich jenem der Zuneigung – schön, dass du da bist! Im Gegensatz zu *äußerlichen* Merkmalen, die in meinen früheren Beziehungen einen übergroßen Stellenwert eingenommen hatten, ist bezeichnenderweise gerade in dieser Beziehung *innerlich* der Knoten geplatzt. Ich konnte förmlich beobachten, wie sich die Prioritäten verschoben. Sie verschoben sich zu mir selbst – ich wurde in mir selbst fündig.

Erstmals war ich von den äußerlichen Reizen einer attraktiven Frau nicht mehr so beeindruckt wie früher und wurde zugleich der inneren Welt gewahr, in der sich die Stille immer „lauter“ meldete. Diese wunderbare Stille setzte sich schließlich ganz in mir fest und ließ mich auch nach außen immer öfter still sein. Ich tauschte laute und gesellschaftlich oberflächliche Treffen gegen Stille ein und verlegte das Genießen derselben örtlich an liebgewonnene Plätze in der Natur.

Die Beziehung mit meiner Kindheitsliebe war zunächst von großer Unsicherheit meiner Partnerin geprägt, weil sie sich über längere Zeit nicht entscheiden konnte, ob sie bei mir bleiben oder doch eher zu ihrem vorhergehenden Partner zurückgehen sollte, der ihr ein materielles Sicherheitsnetz bieten konnte. Diese Unentschlossenheit zog sich über einige Jahre hin und bereitete uns beiden große Schmerzen. Es zerstörte gleichzeitig Verliebtheit und Vertrauen, doch wuchs genau in dieser Zeit ein ganz anderes Vertrauen, nämlich das Vertrauen ins Selbst. Heute bin ich sehr dankbar dafür, denn nie zuvor durfte ich so viel für mich und über mich selbst lernen und erfahren.

Trotz der angeführten Unbeständigkeiten, die ich in der Folge auch mit einiger Unbeständigkeit beantwortete, blieben wir weiter in dieser Beziehung. Ich habe mich selbst sehr oft gefragt, warum ich in dieser durch Untreue geprägten Verbindung bleiben konnte. Früher einmal wäre das undenkbar gewesen. Doch ich verspürte keine Eifersucht wie früher, ich harrte einfach aus und wurde innerlich weiter und weiter, als ob sich da etwas ausdehnen wollte. Genau in dieser wechselvollen Stimmung meiner Partnerin kam plötzlich Robert Adams zu mir – vielmehr seine Bücher „Stille des Herzens“. Ganz automatisch nahm die Entwicklung ihren Lauf und heute blicke ich entspannt zurück und erkenne die Veränderung. In meinem früheren Gemütszustand hätte ich meine Partnerin definitiv sofort verlassen. Ich hätte mich in meinem früheren „Besitzdenken" verletzt gefühlt, gekränkt. Ich hätte meiner Partnerin die alleinige *Schuld* am Nichtgelingen unserer Beziehung gegeben und das sofortige Aus wäre unabwendbar gewesen. Was habe ich stattdessen getan? Ich habe meine Partnerin gebeten, ehrlich zu sein – vor allem mit sich selbst. Gleichzeitig warf sie mir durch ihr Verhalten mein eigenes Spiegelbild zurück, das mich schonungslos aufdeckte und mich selbst zur nackten Ehrlichkeit aufforderte. Es wurde ein lange anhaltender Kampf für uns beide. Ich habe sie unterstützt, so gut ich konnte, doch war das wirklich ich? Ich spürte das Einssein aller Organismen und erkannte den Fehler, den wir alle machen: Das Ego beherrscht uns in solchen Situationen. Mein Ego war offensichtlich kleiner geworden und ich folgte einfach der inneren Stimme. Und so war ich da, wenn ich gebraucht wurde. Ich versuchte zu helfen, wo ich konnte – uneigennützig und auf keinerlei Vorteil bedacht. Offensichtlich war es uns beiden noch längere Zeit nicht bestimmt, auseinander zu gehen. Natürlich kamen auch Emotionen in mir auf, doch insgesamt hatte sich meine Verhaltensstruktur total verändert. Ich akzeptierte auf der einen Seite die manchmal aufkommenden Emotionen, andererseits konnte ich die Situation genau so annehmen, wie sie wirklich war. Und sie war rein gesellschaftlich öfter unangenehm für mich.

Heute stellt sich eine Beziehung für mich wie folgt dar: Wir leben immer in der richtigen Beziehung, nämlich in der, die gerade für uns bestimmt ist, und zwar genau so lange, wie sie eben andauert. Auch wenn es sich oft ganz anders anfühlt, wir sind zusammen, um voneinander zu lernen. Natürlich ist das eine sehr subtile Angelegenheit, doch meiner Meinung nach ist jede Beziehung sehr lehrreich. Und wenn sie trotz vieler Schwierigkeiten noch aufrechterhalten wird, dann, weil es für beide Partner noch etwas zu lernen gibt.

Ich habe Briefe geschrieben an all die Frauen, mit denen ich eine längere Zeit zusammen verbringen durfte. Diese Briefe sind so privat, dass sie nicht veröffentlicht werden sollten. Ich kann nur sagen, dass ich all diesen wunderbaren Menschen heute dankbar bin für die Zeit, die wir gemeinsam hatten, um daraus zu lernen und schließlich irgendwann das kosmische Geheimnis entschlüsseln zu können.

Entspannung ...

So ist mein Leben also im Laufe der Zeit in allen Bereichen viel einfacher und entspannter geworden. Und wenn das Ego in verschiedenen Situationen, sei es im beruflichen oder im privaten Bereich, mit Gedanken oder Emotionen daherkommt, dann ist dieser Versuch heute meist sofort durchschaut und ein Schalter wird automatisch umgelegt auf „Beobachtung". Dabei ist es augenscheinlich, dass die Zeit, die zwischen dem Aufkommen des Egos in Form von Gedanken oder Gefühlen und dem Erkennen der daraus folgenden Involvierung immer kürzer geworden ist.

Ich rückte als Handelnder immer mehr in den Hintergrund, nacheinander verschwanden auch Stolz, Schuld und Neid. Meine Wichtigkeit und der damit verbundene Druck fielen immer mehr ab, ich hatte Verständnis und Mitgefühl mit den anderen, die für mich ja plötzlich auch keine „Täter" mehr waren. Und so konnte ich feststellen, dass die Intensität und die Anzahl der aufkommenden Gedanken und Gefühle stark nachgelassen hatten. Sie kamen seltener.

Da ist etwas in uns, das offensichtlich weiß, was zu tun ist. Da ist eine Kraft, die größer ist als wir. Eine Kraft, die sich um uns kümmert, die ohne unsere Hilfe den Weg kennt. Alles, was zu tun ist, ist, sich dieser stillen Kraft hinzugeben. Wenn wir ganz genau hinsehen, dann müssen wir feststellen, dass diese Kraft sogar für uns atmet und uns so am Leben erhält! Das Leben atmet uns und nicht wir atmen das Leben! Welch einfache Wahrheit! Unsere Gedanken, den Verstand, das Ego – all das können wir also dem Strom übergeben, der den Weg für uns bahnt. Diese Kraft kümmert sich besser um uns, als wir uns das je vorstellen könnten.

Wann der Zeitpunkt da ist, in dem das tiefe Verstehen aus dem Inneren heraus das Lernen mit dem Verstand ablöst, kann ich nicht sagen. Es steht jedenfalls nicht unter unserer Kontrolle. Diesen Zeitpunkt bestimmen wir definitiv nicht selbst! Eher ist es so, als würde jemand von außerhalb Fäden bewegen, an denen wir als „Ich-Puppen" hängen. Vor einiger Zeit hatte ich selbst so ein Erlebnis, das ich mir zuerst nicht erklären konnte, erst nach einigen Wochen fügte ich mich dem Faden!

Als ich aus der Stille, die ich für einige Wochen in Indien erleben durfte, in unsere laute Welt zurückgekommen war, da passierte etwas in meinem Verstand. Ich war einen Tag später bei einem Geburtstagsfest eingeladen. Es ging ziemlich laut und fröhlich zu. Ich kann mich noch daran erinnern, dass der Jubilar sich ein Gedicht von mir wünschte. Also kam ich diesem Wunsch nach und las aus einem meiner Bücher ein Gedicht vor. Ich konnte noch den Applaus der Gesellschaft vernehmen, danach ist es plötzlich ganz still in mir geworden. Ich hörte nur noch vereinzelte Wortfetzen, fühlte mich wie von Watte eingehüllt und begab mich daraufhin sofort nach Hause. Mitten in der Nacht hatte ich einen leichten Gehörsturz und von da an begleitete mich ein Summen im rechten Ohr.

Ich verbrachte mit einem Tinnitus insgesamt zehn Tage im Krankenhaus und musste mich unmittelbar danach auch noch einem komplizierten Virus beugen. Insgesamt setzte mich das Virus über drei Monate außer Gefecht. Ich fühlte mich wie ein uralter Mann und war in dieser Zeit nicht fähig, auch nur eine Strecke von hundert Metern zu Fuß zurückzulegen, ohne schweißgebadet kapitulieren zu müssen. Ganz still ist es rundherum geworden in dieser Zeit. Und auch danach wurde meine ehemalige „laute Stärke“ wie von Zauberhand zurückgeregelt auf ein Maß, das Ohren anscheinend gut tut.

Durch die Anwendung von Nadeln und Kräutermischungen ist es einem jungen TCM-Arzt gelungen, den Tinnitus zu beheben. In dieser Zeit musste ich viel über Macht und Ohnmacht nachdenken. Ich sah, wie machtlos wir in Wirklichkeit sind, und erkannte gleichzeitig, wie falsch sich sogenannte Machthaber selbst einschätzen …

Macht …

Mit jedem vergehenden Moment nähert sich logischerweise der Tod, nimmt unsere Lebendigkeit ab und der Tod zu. Daher ist es gut, den Zustand des „Nicht-Ich“ zu suchen, denn dann gibt es keinen Tod mehr! Dann ist die Gier, das Streben nach Geld, Ruhm und Macht vorbei. Je weniger man nach innen gerichtet ist, desto mehr „Ego“ verbleibt in der äußerlichen Form, desto wichtiger sind dann auch die „äußeren Umstände“ Macht und Geld. Macht selbst ist neutral. In den Händen eines guten Menschen ist sie ein Segen. In den Händen eines Menschen, der von seinem Ego beherrscht wird, kann sie zum Fluch werden.

Ein Straßenarbeiter, der im Baustellenverkehr die Stopptafel in Händen hält und damit bestimmt, wer wann wie lange in einer Kolonne stehen muss, übt Macht aus, genau wie der Portier im Finanzamt oder der Schalterbeamte, der unendlich viel Zeit zu haben scheint hinter seinem Schalter, während wir vor dem Schalter ungeduldig auf die Uhr schauen, weil wir sehr wenig Zeit haben! Aber auch Eltern und Lehrer üben Macht aus. Ehemänner üben Macht aus, Ehefrauen auch. Attraktivere Frauen haben mehr Macht als weniger attraktive. Die Attraktivität lässt Frauen gewissermaßen eine Machtstrategie entwickeln, durch die Männer bekanntlich leicht zu beherrschen sind.

Und warum wollen so viele Menschen mehr Geld besitzen? Na, weil sie damit mehr Macht ausüben können! Warum will jemand Minister oder Bürgermeister werden oder Vorsitzender des Aufsichtsrates? Weil solche Posten mit Macht in Verbindung stehen. Wer den Wunsch hat, berühmt zu werden oder ein spirituelles Ass, der hat im Hintergrund meistens den verborgenen Wunsch nach mehr Macht.

Nach Albert Einsteins Relativitätstheorie steht jeder Mensch auf der Macht-Spielfeld-Position, die seinem Bewusstseinsniveau entspricht. Jeder begreift das, was seinem Bewusstseinslevel entspricht. Sein Unbewusstsein zu reinigen, würde dazu führen, dass Macht nicht missbraucht wird. Macht bezieht sich immer auf äußere Dinge, auf deren Verlauf das Ego Einfluss ausüben kann – das Ganze ist immer gepaart mit einer gewissen Geltungssucht. Die äußeren Dinge dienen als Ersatz für eine innere Fülle, damit man wenigstens mit irgendetwas angefüllt ist.

Wer innerlich voll ist, braucht sonst nichts. Was bedeutet dann noch Geld oder Macht? Das „Ich“ ist als solches geringer geworden, daher schwindet auch das Interesse an Macht und Geld.

Psychologen meinen, dass insbesondere Menschen mit Minderwertigkeitskomplexen Ehrgeiz entwickeln. Wer geht schon in die Politik, wenn er nicht von verdrängten Minderwertigkeitskomplexen beherrscht wird? Politiker sind meistens Menschen, die irgendwann zu kurz gekommen sind und diesen Mangel später durch Ehrgeiz kompensieren, um so zu ihrem Machtpotenzial zu kommen. Mit dem Ausüben ihrer Macht und ihrer Wichtigkeit gewinnen die meisten zurück, worum sie irgendwann früher umgefallen oder betrogen worden sind.

Zurückweisungen und Verletzungen jeglicher Art können ein gefährliches Potenzial im Unbewussten schaffen, das dann irgendwann herausdrängt wie ein künstlich unterdrückter Vulkan, der beim Ausbruch seine brennenden Lavamassen herausschleudert. Das Unbewusste ist leider sehr wirklich und insgesamt viel, viel größer als der bewusste Verstand. Die meisten Menschen verdrängen Verletzungen oder Zurückweisungen ins Unterbewusstsein und glauben, sie damit hinter sich lassen zu können. So sinkt das Problem aber nur in die Tiefe und wird zu einem Bestandteil des Seins. Es handelt sich dabei aber um Energien, die sich nicht unterdrücken oder verdrängen lassen. Und so finden sich die „Verdränger" plötzlich in Positionen wieder, in denen sie Macht ausüben können. In politischen Ämtern können Menschen nicht nur „Gutes" für die Menschen leisten, nein, in solchen Positionen ist auch ein Gefahrenpotenzial versteckt, nämlich dann, wenn das Verdrängte besonders in die Tiefe gesunken ist und wenn die zeitliche und örtliche Situation einen Machtrausch quasi zu Tage fördern.

Macht auszuüben, muss nicht gleich bedeuten, dass es dadurch zum bewaffneten Krieg kommen muss. Macht kann sehr subtil ausgeübt werden. Unter dem Deckmäntelchen der Sorge um die Menschen im Lande erreicht sie oft diktatorische Ausmaße.

Hier ist ein Brief an Politiker. Keiner von ihnen wird ihn lesen wollen. Und falls doch, dann wird er ihn schnell vergessen – noch vor der nächsten Wahl:

Sehr geehrter Herr Landeshauptmann,
egal, ob Sie nun Pröll, Haider, Häupl, Berlusconi, Obama, Mao Tse Tung oder Ratzinger heißen, Sie sind der hauptsächlich wahrgenommene Mann des Landes, in dem Sie wohnen und wirken. Sie scheinen nur vergessen zu haben, dass nicht nur Sie, sondern auch ich und mit mir unzählige Menschen in diesem Land leben. Es waren sogenannte „Landeshauptmänner", die es in den letzten 3.000 Jahren „geschafft" haben, dass mehr als 5.000 Kriege geführt wurden, viele Kriege wurden dabei nicht mitgezählt. In erster Linie wurden die Kriege geführt, weil andere Landsleute oder Leute anderer Länder nicht Ihrer Meinung waren oder sind, Herr Landeshauptmann!

Wissen Sie, Herr Landeshauptmann, Sie gehören einer Spezies Mensch an, die ihr Heil in der Macht gesucht hat, wohl weil sie früher einmal, als Sie noch nicht Landeshauptmann waren – bei der Verteilung der Liebe nämlich – zu kurz gekommen sind. Dafür haben Sie sich jetzt in eine Position wählen lassen, in der man Sie einfach zu lieben hat. Und wer Sie jetzt auch noch nicht liebt, den werden Sie auch nicht gern haben – das kann für manche schmerzhaft sein. So funktioniert Ihr subtiles Rambo-Spiel, Sie begegnen Ihren „Feinden" mit Ignoranz oder Intoleranz, notfalls verordnen Sie d(D)ummen Gehorsam. Auch die Aberkennung von Zuwendungen mannigfaltiger Art oder andere gefährliche Waffen müssen eingesetzt werden. Das bedeutet Krieg! Krieg zwischen Menschen. Tiere bekriegen sich nämlich nicht, dazu fehlt ihnen der Verstand! Ich habe noch nie gehört, dass alle Kamele Tunesiens gegen alle Kamele Ägyptens in den Krieg gezogen wären, weil ein ägyptisches Kamel vielleicht einem tunesischen Kamel eine Wasserstelle streitig gemacht hätte. Nein, Kamele würden so einen Kampf wohl unter sich ausmachen – individuell. Nur menschliche Kamele greifen zu raffinierten Waffen.

Sehr geehrter Herr Landeshauptmann, Sie selbst sind natürlich für keinen Krieg verantwortlich, Sie können nichts dafür! Schuld daran sind all jene Priester, Apostel und Moralapostel, die verhindert haben, dass wir **wir** sein dürfen. Außerdem gibt es bestimmt noch jemanden, den man dafür zur Verantwortung ziehen könnte, dass Sie *Landeshauptmann* sind und nicht **Sie selbst**! Wer hat Ihnen das genommen, was Sie – wirklich Sie – ausgemacht hätte? Mussten Sie diesen Entzug in diesem Leben erleiden oder gar schon vorher? Ich weiß – Sie verstehen nicht.

Herr Landeshauptmann, dreißig Jahre nach Ihrem Tod – ja, ja, auch Sie werden eines Tages sterben müssen – werden nur mehr ganz wenige „Krieger“ über Sie sprechen. Kaum noch ein Medium wird über Sie berichten. Und in fünfhundert Jahren, so glaube ich fast, wird überhaupt niemand mehr von Ihnen wissen.

Herr Landeshauptmann, lassen Sie uns doch aus diesem Grund endlich ganz natürlich sein, so wie wir es waren, bevor es Landeshauptleute gab.

Ihr nicht ergebener

O. H.

P.S.: Eltern, Lehrer, Politiker, Priester oder sogenannte Erzieher sollten wesentlich verantwortungsvoller und natürlicher mit den Jungen umgehen und aufhören, sie zu demütigen oder zu verletzen. Statt die Kinder zu verurteilen, sollte man ihnen viel mehr Liebe und Zuneigung schenken! Dann hätten wir weniger „Landeshauptleute“ und mehr Menschen …

Das letzte Kapitel

Nach den Erfahrungen der letzten Jahre, speziell nach dem eingehenden Studium der Bücher der vorher angeführten Meister und der Begleitung durch Ramesh und Amrita, spürte oder besser gesagt *wusste* ich, dass ich beim letzten Kapitel meines eigenen Lebensbuches angekommen war. Seit diesem Moment gibt es für mich keine Lebenssituationen mehr, die mich unglücklich oder unzufrieden machen könnten. Mit dem schwindenden „Ich" sind persönliche Besonderheit und jegliches Machtgefühl verschwunden. Lebenssituationen kommen und sie gehen auch wieder – doch heute habe ich gewissermaßen das Gefühl, außerhalb dieser Situationen zu stehen, als Zeuge oder Beobachter sozusagen.

Ich habe den inneren Frieden gefunden. In diesem verinnerlichten Gefühl ist Glück und Unglück vereint – es ist eins, das eine könnte ohne das andere keinen Bestand haben. Wenn das scheinbare Unglück kommt, dann wird es – genauso wie das Glück – erkannt als nicht zu verhinderndes Steinchen auf meinem Weg. Ich sehe, durchschaue und akzeptiere jedes Steinchen. Ich nehme es an und lebe damit. Es ist ein ganz anderes Gefühl als früher einmal. Ich habe nichts daran auszusetzen.

Ich bin nach so vielen Jahren der Suche ins Leben zurückgekehrt. Seit der inneren Findung sind andere Menschen in mein Leben gekommen. Oft höre ich jemanden in meiner Nähe sagen, dass man gerne mit mir zusammen ist, weil da so ein friedliches Gefühl irgendwo her kommt.

Ich lache gern und viel. Mein Leben ist wieder ganz normal geworden. Zwar interessiere ich mich nicht mehr für Events, bei denen sich viele schillernde Figuren treffen und aneinander vorbeiplappern, dafür sind Treffen mit Freunden durch eine ganz feine Qualität gekennzeichnet.

Trotzdem weiß ich mitten in allen gesellschaftlichen Ereignissen immer, dass „ich Oskar“ nicht Handelnder bin, dass ich eine kleine Figur in einem relativ großen Universum bin, die durch das allumspannende Bewusstsein hindurch lacht und weint, schweigt und schreit, singt, lebt und stirbt. Es lebt sich sehr leicht so!

In den Sommermonaten sitze ich gerne und Stundenlang auf einem Felsen – mitten in „meinem“ Bach und lasse mich vom bläulich grünen Wasser umspülen. Dreihundert Meter weiter unten am Bach sitzt übrigens regelmäßig eine sehr gut gelaunte Pensionistenrunde. „Hallo, geht ER wieder meditieren?“, sprach mich der „Bürgermeister“ der Runde einmal an – gepflegt im Pluralis Majestatis. „ER“!

„Wer?“, fragte ich zurück und musste dabei lachen. „Ja, ja, der Stein, auf dem ER immer sitzt, grenzt nämlich genau an mein Grundstück!“

„Na gut“, dachte ich, „wäre das auch geklärt“. (In einer ländlichen Gegend muss man schon damit rechnen, beobachtet zu werden.) Amüsiert über diverse Wortmeldungen und über die aufmerksame, doch stets freundliche Runde nehme ich ab und zu die Einladung zu einem Schluck echtem Hausgebrannten an und unterhalte mich mit den Männern. Über meine Meditationen sage ich ihnen vorläufig besser nichts und über die wunderbare Leere, die sich über Ossi, den Bach und den Tag stülpt, schweige ich auch. Ich drücke meine Geschichte niemandem rein und mische mich auch nicht mehr in die Angelegenheiten anderer ein oder bewerte sie gar. Wohl deshalb sitze ich jetzt da und schreibe …

Auf dem Stein in meinem Bach sitzend, ziehen öfters Gedanken durch meinen Verstand – so wie Wolken ziehen sie durch. Ich kümmere mich nicht sehr um sie, nein, eher beobachte ich sie und merke dann, wie sie sich wieder verziehen, wie sie an Zahl abnehmen und schließlich von friedlicher Stille in die Arme genommen werden. Ab und zu unterbricht der Bach diese Stille mit einer Wellenmeldung, doch nimmt er die Welle gleich wieder mit und spült sie weiter – hinunter zu den Männern mit dem Hausbrand …

Wahrheit …

Was ist wohl in Jesus vorgegangen, der in seiner Körper-Geist-Figur die absolute Wahrheit erfuhr und sie weitergab? Genau für diese Wahrheit fand er schließlich den Tod.

Für die Verbreitung der Wahrheit verfolgt und bestraft zu werden, ist ein Phänomen, das sehr viele weise Körper-Geist-Figuren ereilte. Galileo Galilei zum Beispiel wurde wegen seiner Behauptung, die Erde drehe sich um die Sonne, mit der er eine ältere Behauptung von Kopernikus bestätigte, zwar nicht gleich getötet, jedoch vom Christentum verfolgt. Bereits im Jahre 1616 hatte man in Rom die Lehre von der Erdbewegung als „absurd in der Philosophie und mindestens irrgläubig in der Theologie" bezeichnet. Weil eine bewegte Erde angeblich der Heiligen Schrift und damit der Wahrheit widersprach, wurde gegen Galilei und sein Buch das Inquisitionsverfahren eingeleitet. Galilei musste im Jahre 1633 seiner Lehre von der Erdbewegung abschwören. Einer später erfundenen Sage nach soll er nach dem Widerruf den Ausspruch getan haben: „Und sie bewegt sich doch!" Bis zu seinem Tode blieb Galilei der Aufsicht der Inquisition unterstellt. Galileo Galileis persönliches Ansehen wurde erst 359 Jahre später – nämlich im Jahre1992 (!) – in Form einer Rehabilitation durch den Vatikan wiederhergestellt. Papst Johannes Paul II. sprach die Rehabilitierung wie eine Entschuldigung aus. Nach 359 Jahren!

Jesus sprach immer von der *Wahrheit*. Weil er damit der herrschenden Liga im römischen Reich gefährlich werden konnte, wurde er schließlich gesucht, gefunden und getötet. Das bedeutet, dass die meisten Menschen (zumindest die Kreise, die man heute schlechthin als „die Gesellschaft" bezeichnen würde) seine Botschaften einfach nicht verstanden haben und ihn deshalb beseitigten. Erst viele Jahre später begannen mehrere sogenannte Evangelisten, Jesu Geschichte aufzuzeichnen. Was daraus entstanden ist, ist hinlänglich bekannt. Eine religiöse Glaubensgemeinschaft. Man glaubt an etwas Überliefertes, andernfalls kommt man nicht in den Himmel! Wie konservative Fundamentalisten „ihr" Christentum Andersgläubigen näher brachten, darüber möchte ich mich nicht extra äußern. Nur soviel: Verfolgung, Folter, Gehirnwäsche und dergleichen mehr waren über Jahrhunderte an der Tagesordnung. Darüber berichten andere Bücher.

Würde Gott jemanden bestrafen, nur weil er zweifelt? Würde Gott eifersüchtig sein auf jemanden, der seinem Weg nach innen folgt und nicht einfach an das glaubt, was andere ihm vorsagen? Wer sind die anderen, wer bist d*u*? Ich überlasse dir die Antwort …

„Wenn das Selbst erkannt wird, wird Gott erkannt. Tatsächlich ist Gott nichts anderes als das Selbst."

Ramana Maharshi (*Sei, was Du bist*)

An den großen Meister Ramesh Balsekar:

28.9.2008
Unlängst machte ich mit meiner Lebensgefährtin eine Schiffsreise durch das westliche Mittelmeer. In Palma ging

ich früher an Bord, um ein wenig allein zu sein. Die Leute waren fast ausnahmslos vom Schiff gegangen, um sich die schöne Stadt anzusehen. Ich saß also mutterseelenallein am obersten Deck und genoss den Blick auf die Hafenmauer und das glitzernde Meer.

In diesem Moment sind Sie mir wieder einmal so nahe gewesen. Liebevoll und friedlich strömten Sie durch mich und landeten sanft in den leichten Wellen da draußen beim Ruderboot. Diese Stimmung hat lange angehalten.

Am Sonntag dann, bei der Heimreise im Bus, sind Sie noch einmal da gewesen. Es war bei der Ausfahrt Piacenza ovest, als ich in den Himmel blickte. Eine weißgraue Wolke hatte Ihre Gesichtsform angenommen. Die Augen waren ganz scharf und schauten sehr lange stark und doch liebevoll vom Himmel. Es war, als würde sich diese Wolke nicht auflösen wollen.

Am Montag begann wieder der Alltag. Zu Mittag erhielt ich einen Anruf von Arati aus Deutschland. Sie teilte mir mit, dass Sie, lieber Ramesh, geliebter Meister, am Samstagvormittag um 9.00 Uhr Ortszeit in Mumbai Ihren Körper verlassen haben.

Erst einige Stunden später wurde mir bewusst, dass Sie immer sein werden, dass nur eine körperliche Hülle wegging, so wie sie vor vielen Jahren gekommen ist in einer völlig anderen, viel kleineren Form – damals. Weggezogen – wie eine Wolke …

Ich fuhr zu meinem Bach und saß auf dem Felsen. Ich las aus Ihrem Buch und meine Gedanken waren bei Ihnen. Fast feierlich war die Stimmung. Es war wohl ein Anflug von Trauer da. Schließlich war meine Indienreise zu Ihnen in Ihr Wohnzimmer in Mumbai gerade wie eine Wolke am Himmel zerflossen. Wenn ich es genau betrachte – und ich betrachte es genau –, dann habe ich es gespürt. Ich habe gefühlt, dass ich Ihren Körper wohl nicht mehr zu Gesicht bekommen werde. Und nun ist er doch da, weil ich Ihr Gesicht so liebgewonnen habe. Aber es sind nicht nur Ihre Gesichtszüge, es ist viel mehr.

Die Trauer ist süß – so hat Amrita das genannt. Und es stimmt ganz genau. Diese Trauer ist süß.

Sie waren schon frei, nun sind Sie es endgültig. Nun sind Sie eins mit allem, jenseits der körperlichen Empfindungen. Wie sollte jemand, der nie geboren wurde, jemals sterben?

Ich werde morgen in den Wald gehen und an der gewissen Stelle ein wenig verweilen – Sie wissen schon …

In grenzenloser Verbundenheit
Oskar

Zum Dialog mit Amrita:
Der Dialog mit Amrita ist ziemlich umfangreich und war für mich wegweisend. Der Kontakt mit ihr und ihre ständige Anwesenheit (sie war während dieser Jahre der Entwicklung einfach immer da, wenn auch nicht immer physisch) bildete schlussendlich die Essenz für mein Verstehen und für die Akzeptanz des Lebens, egal in welcher Verkleidung es auch daherkommen mag. Dieser Dialog spielt sich auf einer schwer beschreibbaren Ebene ab, die möglicherweise bei einigen Lesern Verwirrung auslösen könnte. Deshalb habe ich mich – gemeinsam mit dem Verlag – entschlossen, ihn meinem Bericht nicht direkt hinzuzufügen. Dies aus gutem Grund: Auch wenn mir Amrita (für mein neu entwickeltes Verständnis) kristallklar verständliche Hinweise mit auf den Weg gab, so muss ich zum wiederholten Male darauf verweisen, dass jeder Mensch seinen eigenen Weg zu gehen hat. Alle Hinweise – ob von Ramesh Balsekar, Sri Nisargadatta Maharaj oder letztlich von Amrita oder Kiran (diese Meister begleiteten mich auf meinem Weg) – verwandeln sich allein durch das geschriebene oder gesprochene Wort zum Konzept. Der Schriftverkehr könnte also von einigen Lesern missverständlich aufgenommen werden, weil sich die Schreibweise sehr oft in einer spirituellen Ausdrucksform mitteilte. Der Text wäre für ungeübte Leser möglicherweise schwer nachvollziehbar. Dies liegt jedoch nicht etwa an mangelnder intellektueller Auffassungsgabe, sondern einfach an der spirituellen Ausdrucksweise. Es handelt sich dabei um eine Ebene, in die man nicht „aufsteigen“ kann, die aber auch nicht verunsichern soll. Es werden Worte vermittelt, die als Wegweiser dienen und oft nicht eins zu eins umsetzbar scheinen. So belasse ich es also bei der Beschreibung meines individuellen Weges. Wer mich kennt (vielmehr wer mich vor zehn bis fünfzehn Jahren kannte), weiß, dass hier etwas

Ungewöhnliches geschehen ist. Nie wieder könnte ich in das alte Leben zurückkehren, zu schön ist das Geschenk, das ich auspacken durfte und an dem vielleicht der eine oder der andere allein durch das Lesen des Berichtes teilhaben möchte.

Jedoch haben wir uns etwas Spezielles einfallen lassen: Für wirklich interessierte Leser haben wir den Dialog mit Amrita und auch einen weiteren, bemerkenswerten Schriftverkehr mit Dr. Harsieber (Philosoph, Autor, Yogi, Medizinjournalist und selbstständiger Verleger) sowie einige Bilder digital zusammengefasst.

Dieser „Bonus-track“ ist auf der Homepage www.ossihuber.at jederzeit abrufbar.

Die letzten mails des Schriftverkehrs mit Amrita seien in diesem Büchlein als Abschluss noch erwähnt; dem ist nichts mehr hinzuzufügen …

Amrita an Oskar, 1.2.2011

Lieber Oskar,
folgendes ist geschehen:
bin heute nochmal in dein manuskript gekrochen,
nicht als amrita, nicht in irgendeiner wohlwollenden, beratenden funktion,

die in den feinen bereichen noch allerhand kommentieren könnte, nein. nein, ich war selbst von dieser rolle losgelöst.

ich war der einfache lese-mensch, der keine ahnung hat, aber neugierig ist,

was der huaba da jetzt sagen will ...

und ich habe es anders gelesen ...

als unwissender, neugieriger lese-mensch finde ich das sehr spannend,

ich habe auch fragen zu den inhalten und fragen an dich,

nach einer lesung wäre ich über eine offene diskussion erfreut ...

wie immer du mich siehst,
was immer ich für dich bin,
ich bin teil des inneren mysteriums in dir
und ich bin es gern ...
ich gehöre zu deiner erfahrung
und du gehörst zu meiner erfahrung ...
es sind erfahrung von nähe und vertrauen.
fühle dich ganz frei zu tun,
was dir dein inneres eingibt,
du hast mein volles okay ...
ich liebe dich genau so, wie du bist.
amrita

Oskar an Amrita, 1.2.11

Liebe Amrita,
danke für den schönen Brief. Weißt du, das „Manuskript" liegt jetzt einmal ab. Du drückst deine „normale" Leserschaft sehr harmonisch aus, darüber freu ich mich. Von mir ist viel inneres Streben abgefallen in den letzten Monaten – ich sitze sehr viel in meinem weißen Fauteuil und tu einfach gar nichts außer schöne Musik zu hören und still zu sein. In anderen Bereichen bin ich wieder in ein völlig normales Leben zurückgegangen. Ich arbeite normal und kümmere mich ein wenig um die Musik von Humus - da wird es demnächst Zuwachs geben.

Das Streben nach innerem „Weiterkommen" ist abgefallen und als Hindernis enttarnt. (Aufgabe und gleichzeitiges Erkennen der inneren Stimme mit felsenfester Sicherheit). Jetzt genieße ich – ich weiß, dass du wesentlicher Teil des inneren Mysteriums warst und bist und das fühlt sich sehr geschmeidig an. Ja, Amrita – ich fühle mich sehr frei – ein Genuss. Ich konnte außen akzeptieren und auch innen – nun gebe ich mich mit Freude dem hin, was da kommt, was es auch sein mag – das fühlt sich sehr behaglich an.

Sei innig gedrückt und danke!
Oskar

Oskar an Amrita, 7.3.11

Liebe Amrita,
die Begegnung mit Dir ist für mich von unschätzbarem Wert, vor allem weil ich Dich anfänglich ein bisschen unterschätzt habe und erst langsam erkannte, wer Amrita wirklich ist und welchen Stellenwert sie für meine Entwicklung hatte. Du hast tatsächlich gewartet, bis diese schwer beschreibbare Müdigkeit eintritt und der Schritt „zurück ins normale Leben" wie von selbst erfolgt. Nur das Leben

ist dann ein anderes, ein leichtes „gelebt werden" ist es geworden – ohne Ansprüche und Erwartungen, mit großer Akzeptanz für das Leben, wie es auch daherkommt und für mich selbst, wie ich bin.

Heute sitzt da wirklich einer, der nichts vom Leben will – diesen Satz von Dir kann ich nur vollinhaltlich bestätigen. Damit ist wohl alles gesagt.

In vielen Unterhaltungen mit Dir, in den zahlreichen Satsang-Stunden, durch Briefe, mails, auch durch Gedankenströme durfte ich Liebe erfahren in einer Art und Fülle, die nicht nur meine kleine Schüssel bis zum Rand bedeckt. Da gibt es noch viele Schüsseln, die voll werden sollen, einen kleinen Schluck dieser Liebe darf ich nun ja auch ausschenken.

Oskar

Amrita an Oskar, 7.3.2011

mein lieber oskar,
auch ich schreibe diese zeilen mit viel freude ...
du bist gesegnet, sehr sogar ...
die liebe hat dein herz berührt und dich verwandelt.
was kann es größeres für einen menschen geben,
als im lichte der wahrheit, schönheit und liebe neu geboren zu werden!

love is flowing from my heart – sweet love, sweet love – amrita

was immer du tust, was immer durch dich getan wird – es ist EINES!

amrita

Epilog

Heute, am 19.1.2011 war der Tag, an dem ich – wie von einem Riesenmagneten angezogen – auf Kiran stieß, stoßen musste. Und seit einigen Stunden ist alles ROGER hier bei Oskar. Hier ist die Erklärung: Vor etwa zwei Jahren, als ich sehr intensiv gesucht habe, nach weiß ich was – unter anderem auch im Internet, stieß ich eines Tages auf eine DVD mit dem Titel „Facetten des Erwachens“, produziert von Premananda, einem Schüler Papajis. Premananda gelang das Kunststück, sechzehn berühmte indische Meister vor seine Kamera zu laden, um ihnen die jeweils gleichen Fragen zur Lehre des großen Ramana Maharshi zu stellen. Das Ergebnis ist ein Kompendium außergewöhnlichen Wissens über das größte Geheimnis aller Zeiten: Die wahre Natur unseres Selbst und wie wir sie realisieren können. Die gleichen Fragen werden also von 16 verschiedenen Meistern – scheinbar physischen Persönlichkeiten – beantwortet. Auch wenn die Antworten verschieden klingen, unter dem Strich ist das alles eine einzige Antwort – das war mir schon damals völlig klar. Jedoch war ich von einem der sechzehn Meister völlig hingerissen, ich glaube, es war wohl seine Art zu sprechen und die vermittelten Inhalte, die mich mitten im Herz trafen. Es handelt sich dabei um Kiran. (Über die Aussagen von Ramesh Balsekar war ich natürlich auch begeistert, doch Ramesh ist mir inzwischen so ins Herz hineingewachsen, dass über ihn gar nichts mehr gesagt werden muss.) Doch dieser Kiran schickte ein paar Sätze auf die Reise, die sich offensichtlich ganz tief in mir festgesetzt hatten und die nun in mir wieder erwachten. Als ich mich gleich im Internet auf die Suche nach Kiran begab, fand ich zunächst fast gar nichts über ihn. Ein bescheidener Meister, der sich selbst nie als solcher betrachtete und der am 30.3.2006 (Todestag meiner Mutter 1971) mit fünfundsechzig Jahren verstorben ist.

Kiran

Die wenigen Beschreibungen über das Erwachen aus dem Lebenstraum inklusive spiritueller Suche und deren Aufgabe sowie seine Ausführungen über das Akzeptieren des „Seins" – im Außen wie im Innen –, die ich von Kiran dann doch im Internet gefunden habe, decken sich exakt mit dem, was ich in den letzten Wochen selbst erlebt habe. Auf diese Art ist er also gewissermaßen zurückgekehrt wie ein Spiegel, in dem nichts mehr zu sehen ist …

Mit der kurzen Beschreibung meiner Erlebnisse der letzten Tage möchte ich zum Ende meines Berichts kommen, denn es gibt nichts mehr, worüber ich noch schreiben könnte: „Die letzten Tage verliefen anders als üblich – irgendwie eigenartig. Ich saß fast täglich in Stille im bequemen Fauteuil in meinem Wohnzimmer. Nur die vertraute Musik von Krishna Das oder ähnliche Klänge unterbrachen diese Stille. In diesen Tagen ist mir völlig klar geworden, dass ich nicht mehr weitersuchen mag, besser gesagt kann. Ich bin so müde geworden, habe in all den Jahren soviel getan, um auf meinem spirituellen Weg irgendwie „weiterzukommen". Und nun stieg in mir das unzweifelhafte Gefühl der Kapitulation auf. Es gab gar kein „Weiterkommen". Das Aufgeben und Loslassen dieses „Werden-Wollens" fühlte sich sehr friedlich an. Da war plötzlich eine Akzeptanz, die einfach alles mit einschloss. Was kümmerte es mich noch, wer ich bin?! Mir wurde bewusst, wie sehr ich dem Thema „Erwachen" nachgejagt war – plötzlich wollte ich nichts mehr damit zu tun haben! Wollte einfach nur mehr dasitzen und über nichts mehr nachdenken oder gar sprechen. Eine wohltuende Leere machte sich in diesen Tagen breit und ich wusste: Die Suche ist jetzt beendet!

Ich kehrte einfach ins „normale" Leben zurück, um zu sehen, was es für mich bereithielt, ohne Erwartungen, ohne den inneren Antrieb, etwas an meinem jetzigen Status ändern zu wollen. Das Leben ist in Ordnung, so wie es ist. Und ich bin auch in Ordnung, so wie ich bin. Diese tiefe

Akzeptanz – nach außen und nach innen – machte sich breit und fühlte sich sehr entspannt an. Einen Unterschied jedoch konnte ich beobachten: Aus der Akzeptanz heraus ergab sich sehr viel Klarheit und es entstand daraus eine große Selbstsicherheit – so, als könnte es gar nicht anders sein!

So verbrachte ich also Wochen lang die Zeit nach der Büroarbeit zu Hause im gemütlichen Fauteuil und saß einfach nur da, allein und völlig zufrieden, innerlich fest und unerschütterlich. Sicher.

Amrita teilte mir in diesen Tagen mit, dass sie am nächsten Montag in Klagenfurt wäre, und wir beschlossen, uns zu treffen und noch einmal über dieses Manuskript hier zu sprechen.

Nun saßen wir also im Wohnzimmer und ich beschrieb ihr aus meinem Fauteuil heraus meine aktuelle Situation. Irgendwas ist passiert, ich kann es nicht genau definieren. Jedenfalls fühlte ich mich sehr frei und sicher bei dieser Unterhaltung. Und am Ende des Gesprächs meinte Amrita auch: „Du bist frei."

Ich fühle weiterhin eine tiefe Verbindung, die wohl immer existent sein wird. Ich weiß nicht, wie dieser Kontakt sich entwickeln wird, eines weiß ich aber ganz genau: Amrita hat mir in den letzten Jahren den Weg gezeigt. Ich hatte Glück, in ihr den „richtigen" Meister gefunden zu haben, der mich liebevoll begleitete, solange, bis ich allein gehen konnte.

Jetzt verstand ich alles, was sie jemals zu mir gesagt hatte, ich verstand, was sie gemeint hatte in all diesen Tagen, Monaten, Jahren.

„Der Mensch möchte alle Dinge anders haben, als sie sind. Das ist der Grund für alles Leid, für alle Probleme, die es überhaupt gibt. Niemand kann den Lauf der Existenz ändern!"

Ich habe keine Ahnung, wohin „mein“ Weg mich führen wird, was mit „Oskar“ noch passieren wird, aber da ist neben dem tiefen Vertrauen eine Bereitschaft und viel Freude gewachsen für die völlig neutrale Erwartung des Stückes Leben, das noch für mich bereit steht. Der innere Frieden hat sich festgesetzt. (M)ein Weg des Tuns und des Suchens ist abgeschlossen – vorbei. Staunend lasse ich mich leben, bin fasziniert von Gottes Vielfalt. Es ist wie ein sanftes Gleiten über Landschaften.

Dieses Geschenk teile ich seit einiger Zeit mit einigen lieben Menschen, die in unregelmäßigen Abständen in meinem Wohnzimmer sitzen. Wir genießen gemeinsam die Stille, hören zwischendurch ein paar schöne Melodien und auf Fragen tauchen Antworten auf, mit denen ich vor mehreren Jahren wirklich nicht gerechnet hätte …

Ich war lange auf dem Weg, ich suchte und fragte und wollte wissen, ich versuchte zu beweisen und und und. Ich stand über viele Jahre auf der anderen Seite der Theke und habe nicht meine Ausdrucksweise verändert, um mich wichtig zu machen. Da war etwas, was die Veränderung auslöste. Das hatte mit „Ossi Huber“ nichts zu tun. Das weiß ich. Aber was es war, das weiß ich nicht. Und würde mich heute jemand fragen, wo denn die endgültige Wahrheit zu finden sei, ich könnte nur antworten: „Ich weiß es nicht!“

Nur fünf Minuten …

Ich habe mich in meinem Bericht öfter über den Tod geäußert. Ich habe auch gesagt, dass ich keine Angst davor hätte, weil ich bereit wäre, alles, was in der mir noch zustehenden Lebensspanne daherkommt, so anzunehmen, wie es ist – letztendlich auch den Tod.

Nun, das klingt natürlich sehr theoretisch und so mancher könnte meinen, dass man darüber erst reden könne, wenn man so eine Situation wirklich selbst erlebt hat.

Gut – dazu kann ich nun wirklich eine persönliche Erfahrung schildern: Es war der 19.12.2011 in einem Tonstudio in Klagenfurt. Wir hatten soeben einen Song für unsere neue Humus CD gemischt. Einer der dreizehn Songs der eben fertiggestellten CD heißt übrigens „Nur 5 Minuten“. Für dieses Lied hatte ich nach der ursprünglichen Aufnahme noch einmal den Text geändert. Der Song beschreibt die sinnlose Oberflächlichkeit unserer Zeit, er fordert die Menschen auf, doch täglich wenigstens fünf Minuten über sich und das Leben nachzudenken. Wörtlich singe ich:

Geh amål kurz in di! Wenn du glücklich bist – wunderbår.
Wenn du dei Leben gern ånders hättest, als es is, dånn ist des Liad für di!
Stöll dir vur, du bist krånk – „unheilbår“, sågt dei Årzt – wås is dei Lebn jetzt noch wert? Mmh?
An so wås denkt man nie!

Du, bleib anfåch amål stehn; nimm dir jedn Tåg fünf Minutn Zeit und
denk über di und dei Lebn nåch!
Jedn Tåg. Nur fünf Minutn. Wenn du des schåffst – nur a Zeit lång –,
dånn wird irgendetwås in dir wåch!

Refrain:
Des is dei Chance!
Kumm, nimm dir jedn Tåg nur fünf Minutn Zeit für di und denk doch amål übers Leben nåch,
über die Hektik, dei Tüchtigkeit und übers Göld und a dei Wichtigkeit,
sei endlich stüll und setz di nieder und dånn: Låch!

Aah, wie`s auf amål ruhig wird! Als hätts gråd zum Schneibn ångfångan.
A Stille legt sich übers gånze Lånd.
Auf amål gspürst di als a Gånza, merkst, wås wirklich wichtig is,
waßt, wås wirklich richtig is, du håst erkånnt:

Refrain

Jetzt håst dås Gsatzl fertig glesn, bist fünf Minutn traurig gwesn,
håst`s überståndn – in ana viertl Stund.
Murgn kånnst wieder weitermåchn – über de fünf Minutn låchn,
weil du waßt – du bist jå gsund!

Refrain

Des wår dei Chance!

Als wir also den Song fertig gemischt hatten, holte ich mir ein Bier und trank einen Schluck. Sofort stellte sich eine Art Sodbrennen ein, wie ich es noch nie verspürt hatte. Unmittelbar darauf wurde der Atem flach und die Luft blieb mir weg. Ein eiskalter Schweißausbruch überkam mich und in einigen Sekunden war mein ganzer Körper durchnässt. Ich kauerte mich auf dem Boden zusammen, um eine Körperstellung zu finden, in der ich mich ein bisschen besser fühlen könne. Meine beiden Kollegen meinten, ich hätte etwas Verdorbenes gegessen und sollte mich einmal hinlegen. Ich brauchte einen Arzt, das war mir klar, doch ich konnte mich nicht bemerkbar machen. Ich bekam kein Wort heraus, meine Kehle war wie zugeschnürt.

In der nächsten Minute betrat Giovanni, unser Gitarrist, das Studio. Er sah mich nur kurz an und entschied sofort, die Rettung zu rufen. Seine Entschlossenheit kam gerade rechtzeitig.

Ich lag da und sah mein Leben dahinschwinden. Die Notärzte und Rettungshelfer trafen sehr rasch ein. Die Ärztin verabreichte mir eine Spritze und da war ich dann eine Zeit lang weg. Ich hatte mit meinem Leben abgeschlossen, hielt überhaupt nicht daran fest und war mit allem und allen versöhnt. Eine ungewöhnlich tiefe Stille trat ein und ruhig, sehr ruhig verabschiedete ich mich. Seltsam – Ramesh und Maharaj waren bei mir; wir saßen zu dritt auf einer Bank, fast wie Schüler. Ich nahm zufrieden das Weggehen von hier zur Kenntnis – es war eine sehr friedliche und versöhnliche Stimmung, ich hatte keine Schmerzen und alles war gut.

Und dann tätschelte mir die Ärztin ins Gesicht und sagte, ich solle Fragen beantworten und ja nicht einschlafen …

Sie brachten mich ins Krankenhaus und betreuten mich rund um die Uhr.

Irgendwann am nächsten Tag sagten mir die Ärzte, dass ich im Studio einen heftigen Herzinfarkt erlitten hätte. Fünf Minuten später wäre wohl mit einem Herzstillstand und somit mit dem Tod zu rechnen gewesen.

Es ist also der Entschlossenheit meines Musikerfreundes Giovanni sowie einem wunderbaren Rettungsteam und dem gesamten Ärzte- und Betreuungsteam im Krankenhaus zuzuschreiben, dass ich noch hier sein darf. Eine Bestätigung dafür, dass das Leben daherkommt, wie es gerade möchte …

Abgesehen davon, dass der Song „Nur 5 Minuten“ jetzt sehr authentisch geworden ist, habe ich – so schräg es für manchen auch klingen mag – eine wunderbare Erfahrung „erleben“ dürfen. Ich hatte zwar kein Nahtoderlebnis, doch ich weiß nun, wie es sich anfühlt, wenn einen der Tod streift. Und ich bin dankbar dafür, dass ich ihn als Teil des Lebens aus der Nähe spüren konnte und auch für die im Text öfters erwähnte Angstlosigkeit, über die ich nun wirklich aus eigener Erfahrung berichten kann.

Ich war in den letzten zehn Jahren stets dafür bekannt, dass ich stressfrei und entspannt durch das Leben ging. Ich haderte nicht und konnte Situationen so annehmen, wie sie daherkamen. „Warum erleidet so ein Mensch dann einen Herzinfarkt?“, fragten mich viele. Nun, weil es so sein sollte - die Frage nach dem Warum stellt sich mir nicht.

Ich habe schlechte genetische Vorgaben, meine Mutter war herzkrank und starb mit 58 Jahren, ich hatte zu viel geraucht, ich hatte früher einmal Stress in Beziehungen und checkte fast zwanzig Jahre lang mehrere Bands gleichzeitig. Daneben arbeitete ich wöchentlich 40 Stunden. Ich habe öfters eine Grippe übergangen – gerade erst wieder vor einigen Wochen. Mein Gott – da gibt es ein inneres Logbuch, das alle Bewegungen des Körpers und des Herzens aufschreibt. Diese Mitschrift ist wohl die Zusammenfassung aller bewussten und unbewussten Abläufe. Und dann sagt der Körper: „Genug jetzt!“ Das ist eine intellektuelle Erklärung – nur: Wem hilft sie?

Wenn die Seite aufgeschlagen ist, auf der unser Name ganz oben steht, dann ist die Zeit zum Gehen da, egal, wie gesund oder krank wir gerade sind. Wir können mit unserem eigenen Willen nicht beschließen, länger zu leben. Wie lange könnten wir weitermachen ohne Essen, Trinken oder

Schlaf? Wie lange könnten wir wohl weiterleben ohne funktionierende Verdauungs- oder Ausscheidungstätigkeit unseres Körpers? Wie lange könnten wir leben, ohne zu atmen? Wer bestimmt denn seine Atmung selbst und könnte sie ausdehnen auf die Lebenslänge, die er sich wünschen würde? Ist es von unserem Willen abhängig, ob wir weiterleben – und seien es auch nur die nächsten fünf Minuten?

Wer hat seinen eigenen Willen ausgeübt, um im Leib der Mutter empfangen zu werden und später heranzuwachsen? Richtig, wir werden auch unseren Abgang nicht selbst bestimmen.

Mein Name war schon auf der Liste, doch Gott hat wohl einen Anruf erhalten und die Seite überblättert …

Wie auch immer – Oskars Zeitspanne sollte wohl noch nicht ablaufen. Und genau deshalb erhole ich mich jetzt staunend und lasse mich vom Leben überraschen und freue mich auf all jene Tage, die mir noch bevorstehen.

Wir alle müssen sterben – Dumme und Weise, Heilige und Böse –, doch sollte das „gehen müssen" für niemanden eine Enttäuschung sein. Vielmehr ist es die unvermeidliche Antwort auf das „geboren sein" und somit oberstes Gebot im dualen Universum der endlichen Illusion …

Inhalt

Memoiren-Verlag - Ein Auszug aus dem Verlagsprogramm

Jane
Erfahrungsbericht
Annelies Liengitz
ISBN 978-3-902074-01-0

Kriminelle Geschichten mit Eduard Wozik
Roman
Veronika R. Burg
ISBN 978-3-902074-41-6

Der Zauber liegt im Gehen-Unterwegs am Jakobsweg
Reisebericht
Belinda Tellian
ISBN 978-3-902074-59-1

Denn die Mutter war nur eine Magd
Biographie
Gerlinde Kreiger
ISBN 978-3-902074-57-7

Simon – ein besonderer Junge
Anni Czermak
ISBN 978-3-902757-19-7

Der Vater auf dem Bügelbrett und andere Geschichten aus der Bechardgasse
McEwan, Plasser, Schwind, Tepser
ISBN 978-3-902757-17-3

Novemberregen
Roman
Gabriele Villmow
ISBN 978-3-902074-77-5

Gatermann
Roman
Jochen Bauschke
ISBN 978-3-902074-00-3

Klaras Knecht
Schicksalsroman
Walfried Klammer
ISBN 978-3-902757-01-2

Ein Hauch von Glück
Lyrik
Karl Ferdinand Schruf
ISBN 978-3-902074-38-6

Schlichte Gedichte
Lyrik
Harald Jöllinger
ISBN 978-3-902074-78-2

Auf der Blumenwiese
Märchen für Kinder
Margret Kuess
ISBN 978-3-902757-12-8

Von der Idee zum fertigen Buch

Memoiren-Verlag Bauschke
Trattenweg 5
A-9346 Glödnitz
www.memoiren-verlag.at
E-Mail: memoiren-verlag@aon.at